관상 기도, 만남 들음 쉼

마음을 열고 가슴을 열고

Open Mind, Open Heart
(20th anniversary edition)
by Thomas Keating
Original Copyright © 1986, 1992 by St. Benedict's Monastery
Twentieth Anniversary Edition © 2006 by St. Benedict's Monastery

마음을 열고 가슴을 열고

1997년 9월 5일 교회 인가
1997년 10월 10일 초판 1쇄 펴냄
2010년 2월 1일 개정 초판 1쇄 펴냄
2022년 6월 12일 개정 2판 1쇄 펴냄
2025년 1월 24일 개정 2판 6쇄 펴냄

지은이 · 토마스 키팅
옮긴이 · 이청준
펴낸이 · 정순택
펴낸곳 · 가톨릭출판사
편집 겸 인쇄인 · 김대영
편집 · 박다솜, 김소정, 강서윤, 김지영
디자인 · 강해인, 이경숙, 정호진
마케팅 · 안효진, 황희진

본사 · 서울특별시 중구 중림로 27
등록 · 1958. 1. 16. 제2-314호
전자우편 · edit@catholicbook.kr
전화 · 1544-1886(대표 번호)
지로번호 · 3000997

ISBN 978-89-321-1826-0 03230

값 16,000원

성경 ⓒ 한국천주교중앙협의회, 2022.

이 책의 한국어 출판권은 (재)천주교서울대교구 가톨릭출판사에 있습니다.
저작권법에 의해 한국 내에서 보호를 받는 저작물이므로 무단 전재와 무단 복제를 금합니다.

가톨릭의 모든 도서와 성물을 '가톨릭출판사 인터넷쇼핑몰'에서 만나 보실 수 있습니다.
http://www.catholicbook.kr | (02)6365-1888(구입 문의)

마음을 열고 가슴을 열고

관상 기도, 만남 쉼 들음

토마스 키팅 지음 | 이청준 옮김

가톨릭출판사

성령께 드리는 기도
— 라틴어 '성령 송가'의 풀이

오소서 성령이여, 삼위일체의 심연에서 나오는 당신의 빛을 쏟아 주소서.
이 빛은 저희의 지성을 밝히고 의지를 강하게 하나이다.

오소서, 마음이 가난한 사람들의 아버지.
당신은 이들을 하느님의 충만함으로 채우십니다.

당신은 선물을 주시는 분일 뿐 아니라, 아버지와 아들의 선물,
곧 최고의 선물인 당신 자신을 주시는 분이십니다.

당신은 가장 좋은 위로자! 멋진 손님이십니다!
당신의 대화는 모두 침묵 안에서 이루어지지만 그지없이 달콤합니다.

당신의 위로는 새 기운을 주며, 저희를 쓰다듬듯 달래 줍니다.
당신은 한순간에 모든 의혹과 슬픔을 사라지게 하십니다.

유혹과의 고된 싸움에서 당신은 승리를 약속해 주십니다.
당신의 현존은 저희의 승리입니다.
당신은 겁 많은 저희 마음을 부드럽게 어르시어
당신을 신뢰하도록 이끄십니다.

가장 고된 일, 자기 승복의 싸움에서
당신은 저희의 안식, 영혼 깊은 곳의 평화이십니다.

당신의 숨결은 내적 투쟁의 열기에서
반항적인 저희의 격정을 식히는 진정제이며,
싸움에 패한 듯이 보일 때 두려움을 가라앉힙니다.

저희가 넘어질 때 당신은 저희의 눈물을 닦아 주십니다.
당신이야말로 통회의 은총과 용서에 대한 확실한 희망을 주십니다.

주체할 길 없는 복된 빛이시여!
충실한 자녀들의 마음 가장 깊은 곳을 채우소서.

당신이 안 계시면 저희 안에 신성한 생명도, 선한 마음도 도무지 없습니다.
당신의 숨결을 거두시면 저희의 영은 시들어 버립니다.
당신이 저희 영혼에 입 맞추시어 생명의 숨결을 불어 넣기 전까지는 저희의 영이 일어서지 못합니다.

당신의 손길은 이슬과 같지만 강한 팔을 휘두르시기도 합니다.
당신은 미풍처럼 부드러우시지만 회오리바람 속에도 계십니다.

당신은 거대한 용광로처럼 저희의 모든 기능을 태워 버리십니다.
이는 오직 저희의 굳은 마음을 녹이시기 위함입니다.

당신은 저희를 한겨울 질풍 속 낙엽처럼 당신 대전에서 내동댕이치십니다.
이는 오직 생명으로 이끄는 좁은 길로 들어서게 하려는 것입니다.

폭풍이 몰아치듯이, 폭우를 쏟으시어 저희의 죄를 말끔히 씻어 주소서.
메마른 가슴을 은총으로 흠뻑 적셔 주소서.
당신의 불길로 내신 상처를 달래 주소서.

당신을 믿는 모든 이에게 일곱 가지 거룩한 선물을 주소서.
이들은 당신만이 주실 수 있는 참된 신뢰심으로 당신을 믿습니다.

당신을 상급으로 주소서. 당신은 모든 것을 내어 주시는 사랑이십니다.
끝까지 버텨 내는 힘을 주소서.
그리고 영원한 기쁨을 주소서! 아멘.

일러두기

이 책에서 *로 표시된 단어는 '용어 해설'에서 소개하는 단어로
본문 258페이지에서 상세 설명을 찾아볼 수 있습니다.

머리말

1986년에 《마음을 열고 가슴을 열고》를 출판한 이후, 20년 동안의 경험을 바탕으로 책의 내용을 일부 새롭게 제공하고자 20주년 개정판을 펴내게 되었다. 개정판을 출간하는 데 많은 도움을 준 칼 아리코 신부에게 특별한 감사를 드린다.

이 책의 1장은 **향심기도***의 방법, 그리고 그 방법과 직결된 개념적 배경을 다룬다. 2장에서는 향심기도 방법에 대한 폭넓은 배경을 제공하고자 그에 대한 영적, 역사적, 신학적 성찰들을 제시한다. 수련자들이 자주 묻는 질문들은 고딕체로 강조했다.

명확한 표현을 위해, 이 책에서 설명하는 향심기도라는 용어는 관상 선물에 눈뜨게 하는 특정 방법에만 제한하여 사용하겠다. 그리고 **관상기도***라는 용어는 향심기도가 성령의 직접적 영감 아래 온전히 발달한 상태에 제한하여 사용하겠다.

향심기도와 이를 지원하는 영적 조직망인 관상지원단의 근본 목적은 인류 공동체의 의식 속에 하느님의 사랑에 대한 지식과 체험을 전해 주는 것이다.

관상 기도는 내적 **변화***의 과정, 곧 하느님께서 시작하시어 우리가 **동의***하면 **신적 일치***로 이끄시는 회개의 과정이다. 이 과정에서 현실을 바라보는 우리의 방식이 바뀐다. 우리의 의식이 재구성되어 매일의 삶에서 지각하고, 관계 맺고, 반응하는 능력이 커진다. 그리고 우리는 일어나는 모든 것 안에, 그 모든 것을 통하여, 그리고 그것을 넘어서 하느님께서 현존하심을 점점 더 잘 감지하게 된다.

그리스도교 전통에 따르면, 관상은 순수한 하느님의 선물이다. 그런데 우리가 이를 순수한 선물이라고 말할 때, 그것이 마치 수도자나 은수자, 혹은 매우 엄격한 삶을 사는 사람들 외에는 도달할 수 없는 것이라는 인상을 주지 않도록 조심해야 한다. 관상은 인간 본성의 근본 요소이며, 모든 인간에게 가능한 것이다. 우리가 관상에 도달하기 위해서는 자신에 대한 생각을 놓아 버리고, 하느님께 우리 의지를 돌리며, 우리 안에 이미 현존하시며 우리에게 자신을 드러내기 위해 기다리시는 하느님 안에서 휴식하기만 하면 된다. 규칙적으로 침묵과 고독의 시간을 가지면 우리가 깨어 있는 삶의 모든 순간에 하느님께서 현존하심을 동의할 수 있다. 그리고 우리의 변화를 방해하는 **거짓 자아***, 즉 바오로 사도가 말하는 '옛 인간'(로마 6,6 참조)의 영향을 줄일 수 있다.

거짓 자아는 이상화된 자화상이다. 어린 시절 생존과 안전, 애정과 존중, 힘과 지배에 대한 본능적 욕구가 좌절되었을 때 우리는 정서적 상처를 입게 된다. 그리고 이러한 정서적 상처에 대처하기 위해 우리 안에 거짓 자아가 발달하기 시작한다. 거짓 자아는 자신이 소속된 집단, 자신을 인정해 주는 집단(예를 들면 가족이나 또래 집단 등)과 동일시함으로써 행복을 추구한다. 거짓 자아의 특징인 '집단에 대한 과잉 충성'이 사회적 차원에서 폭력과 전쟁, 제도적 불의를 낳기도 한다.

향심기도는 그리스도교 관상 전통을 다시 부흥시키기 위한 하느님 사랑의 운동이다. 그것은 우리 안에 계신 하느님의 현존과 활동에 동의하라는 성령의 부르심에 "예." 하고 대답하는 것이다. 이는 마태오 복음 6장 6절에서 예수님이 제시하신 심오한 기도에 기초를 두고 있다.

"너는 기도할 때 골방에 들어가 문을 닫은 다음, 숨어 계신 네 아버지께 기도하여라. 그러면 숨은 일도 보시는 네 아버지께서 너에게 갚아 주실 것이다."

이 말씀은 점점 더 깊은 침묵으로 들어가는 세 단계의 움직임을 제시하고 있다.

첫 번째 단계, 우리 안의 골방으로 들어가기. 골방은 우리 존재의 영적 차원이며, 직관적 차원이자 영적 의지다. 우리가 처한 환경과 외부 소음, 그 순간의 걱정을 뒤로해야 골방에 들어갈 수 있다.

두 번째 단계, 문을 닫기. 곧 우리 안에서 일어나는 '내적 대화'를 멈추고 문을 닫아걸기. '내적 대화'란 평소에 우리가 자기 자신과 나누는 대화로 우리 삶에 드나드는 사람이나 사건들을 판단하고 평가하고 반응하는 것을 말한다.

세 번째 단계, 숨어서 아버지께 기도하기. 그분은 '우리가 들을 수 있는 소리'가 아닌 소리로 우리에게 말씀하신다.

향심기도에서는 이러한 초대에 다음과 같이 응답한다.

첫 번째 단계, 우리 안의 하느님 현존과 활동에 동의한다.
두 번째 단계, 하느님께 우리의 의지를 내어드리고 완전히 승복한다.
세 번째 단계, 자아의 침묵을 통해 숨어 계신 하느님과 관계를 맺는다.

내적 침묵* 중에 하느님께서는 '새로운 창조'를 이루신다. 즉 새로운 세계관으로 무장한 새로운 우리를 창조해 내신다. 이 세계관은 깊은 침묵 중에 그리스도께서 나누어 주시는 것이다. 이제 우리에게는 우리 자신의 세계관보다 그분의 세계관이 더 중요해진다. 그러면 하느님께서는 우리에게 날마다 온갖 종류의 혼란, 반대, 불안에서 벗어나 새로운 삶을 살라고 요청하신다. 고독 속에서 침묵을 음미하고 싶은 우리에게는 (고독을 방해하는 듯한) 혼란과 반대가 자신을 괴롭히는 일들로 느껴진다. 하지만 일상의 부침浮沈을 피하지 말고 정면으로 마주해야 한다. 관상 기도와 외적 활동을 병행할 때 그 두 가지는 통합된다. 그리고 우리는 '복음의 관상적 차원', 즉 의식의 새롭고도 변화된 상태 속에 자리 잡게 된다.

'복음의 관상적 차원'은 살아 계신 그리스도와의 깊은 일치에서, 그리고 그 관계에서 흘러나오는 이웃 돌봄이라는 실천에서 드러난다. 이 관상적 차원은 그리스도의 신비와 성경 속 하느님 말씀의 심오한 의미를 드러낸다.

산상 설교에서 예수님이 '골방 기도'라고 일컬으신 수련을 오늘날에는 향심기도라 부른다. 시간이 지나면서 이 기도는 '순수한 기도', '믿음의 기도', '마음의 기도', 그리고 '단순성의 기도'와 같은 이름들을 갖게 되었다.

'골방 기도'를 통해 관상으로 초대하시는 예수님의 가르침은 구약 성경에서 뿌리를 찾을 수 있다. 관상적 메시지가 담긴 내용에는 이를테면 엘리야가 호렙산에서 완전한 침묵으로 하느님을 체험한 일(1열왕 19,12 참조), 야훼께서 당신 백성을 40년 동안 광야에서 이끄는 데 사용하신 낮의 구름 기둥과 밤의 불 기둥(탈출 40,36-38 참조), 솔로몬이 건축한 성전을 봉헌할 당시 그곳을 채운 구름(1열왕 8,10-13 참조), "너희는 멈추고 내가 하느님임을 알아라."(시편 46,11)라는 권고 등이 있다.

신약 성경에도 '관상'과 관련된 내용들이 담겨 있다. 예수님 강생의 순간에 지극히 높으신 분의 힘이 마리아를 덮은 일(루카 1,35 참조), 거룩한 변모가 이루어진 산에서 제자들을 덮은 구름(마태 17,5; 마르 9,7; 루카 9,34 참조), 마리아와 마르타와 라자로의 집에서 예수님 발치에 앉아 있던 마리아의 침묵(루카 10,39 참조), 예수님이 십자가에 매달리셨을 때 땅을 덮은 어둠(마태 27,45; 마르 15,33; 루카 23,44 참조) 등이 그 예다.

그리스도교 전통 특히 4세기 사막 교부들은, 마태오 복음 6장 6절에 담긴 예수님의 지혜 말씀을 일상의 심리적 인식에서 존재의 영적 차원의 내적 침묵으로, 그리고 그것을 넘어서 우리 안에 계신 하느님과의 일치로 나아가는 은밀한 움직임으로 해석했다.

이 전통은 동방 정교회 전통의 헤시카스트들과 위 디오니시우스로 알려진 6세기 시리아 수도승, 중세의 마이스터 에크하르트, 얀 반 뤼스브루크, 그리고 라인 지역의 신비가들, 14세기 《무지의 구름》을 쓴 익명의 저자 등에게 전해져 내려왔다. 그리고 예수의 데레사 성녀, 십자가의 요한 성인, 아기 예수의 데레사 성녀, 삼위일체의 엘리사벳 성녀로 대표되는 가르멜 전통, 그리고 지난 세기의 토마스 머튼 등에게도 이어졌다.

이 전통은 **아포파시스*** 관상으로 알려져 왔다. 아포파시스 관상은 자주 **카타파시스*** 관상과 비교되곤 한다. 카타파시스 관상은 하느님과의 일치에 들어가기 위해 이성적 기능을 훈련하는 방법이고, 아포파시스 관상은 인간 기능의 수련을 넘어 하느님 안에서 쉬는 것이다. 이 두 가지 형태의 관상은 서로 대립되는 것이 아니고 상호 보완하는 것이다. 카타파시스 관상은 대개 아포파시스 체험을 얻기 위해 필요한 준비 과정으로 여겨진다. 그리고 카타파시스 관상에서 배우는 상징과 이미지들이 우리가 아포파시스 체험을 이해하고 타인과 나누는 데 도움이 된다. 이 둘의 관계를 설명해 주는 예가 구약 성경의 '안식일의 쉼'이다. 예수님께서는 "나는 마음이 온유하고 겸손하니 내 멍에를 메고 나에게 배워라. 그러면 너희가 안식을 얻을 것이다."(마태 11,29)라고 말씀하시며 그런 '쉼'으로 제자들을 초대하신다. 6세기의 대 그레고리오 성인은 관상 기도를 '하느님 안에서 쉼'이라는 말로 설명했다.

그리스도교 전통에는 영적 여정을 시작하는 데 꼭 필요한 가르침과 지침들이 있다. 특히 **거룩한 독서***라는 방법이 있다. 베네딕도회 수도자들이 오랜 세월 동안 이 방법으로 수련해 왔다. 이 수련은 세 가지 '단계' 또는 세 가지 '시점'으로 이루어진다. 각 단계나 시점은 상호 연관되어 있어서 기도하는 사람이 성령의 영감에 따라 다음 단계나 시점으로 나아갈 수 있다.

1. 구약이나 신약 성경 본문을 기도하는 마음으로 읽기. 그 말씀을 통해 우리는 '본문', 특히 '그리스도의 신비'에 대한 묵상으로 이끌린다.
2. 성경 본문에 대한 묵상. 이로써 우리는 믿음과 희망과 사랑, 감사와 자기 승복의 행위로 응답하도록 이끌린다.
3. 응답. 이로써 우리는 생각과 의지의 특정 행위를 넘어선 단순한 과정으로서 '하느님 안에서 쉼'으로 이끌린다.

향심기도는 외적 관심거리를 내버려 두고, 대개 일상의 심리적 인식에 동반되는 내적 대화를 최소한으로라도 끊어 버림으로써 마태오 복음 6장 6절에서 예수님이 제시하신 기도 형식의 첫 두 가지 권고를 실행한다. 예수님의 세 번째 권고인 '숨어서 기도하기'는 나중에 그리스도교 전통에서 관상 기도라고 알려지는 수련을 가리킨다. 관상이라는 단어는 여러 가지로 해석되곤 한다. 그러나 십자가의 요한 성인 이후의 영성 작가들은 성인이 '주입된 관상'이라고 하는 기도의 상태를 의미하는 말로 이해한다.

그리스도교 **영성***은 전통적으로 세 가지 단계로 구분된다. 정화의 길, 조명의 길, 일치의 길이 그것이다. 정화의 길과 일치의 길은 그리스도교 신비가들의 저서 속에 잘 묘사되어 있다. 하지만 하나의 단계에서 다른 단계로 넘어가는 길은 그다지 명확하지 않으며, 그 과정을 방해하는 신체적, 심리적, 영적 장애를 충분히 설명하고 있지 않다. 특히 우리의 무의식적 동기에 대해 제대로 설명하지 않는다.

향심기도는 내적 변화라는 목표에 투신하도록 우리를 인도한다. 향심기도는 우리에게 골방으로 들어가는 실천적 방법을 제시한다. 말하자면 외적 관심을 의도적으로 놓아 버리고 우리 안의 하느님 현존과 활동에 동의하라고 가르친다. 그다음, 우리 안의 하느님 현존과 활동에 동의한다는 **지향***을 유지하기 위해 조용히 거룩한 상징을 도입한다. 거룩한 상징을 도입하는 방법에는 성경 말씀에 있는 단어 떠올리기, 우리 안에 거주하시는 하느님을 내적으로 응시하기, 성령의 상징인 우리의 숨결에 주의를 기울이기 등이 있다. 규칙적인 수련을 통해 깨어서 받아들이는 태도가 안정적으로 유지되면 우리는 점차 성령으로 기도할 준비를 갖추게 된다. 숨어 계신 아버지와 관계 맺을 준비가 갖춰지는 것이다. 후대의 아포파시스 전통과 4세기 교부들은 이러한 내적 과정이 개인적인 계획과 기대, 하느님의 위안에 대한 갈망, 심리적인 깨달음, 그리고 온갖 종류의 자기 성찰을 모두 놓아 버리는 것을 의미한다고 해석했다.

향심기도는 '골방 기도'로 이끄는 세 단계 중 첫 두 단계에 해당한다. 골방 기도는 생각과 느낌과 특정 행위를 넘어서 하느님과 관계 맺는 것이다. 향심기도 중에 우리가 취하는 유일한 주도적 행위는 우리 안의 하느님의 현존과 활동에 동의한다는 지향을 유지하는 것이다. 우리는 생각과 느낌, 신체 감각에 빠져 있다는 것을 알아차리게 될 때 거룩한 상징으로 부드럽게 돌아감으로써 지향을 유지한다.

복음을 가르치는 사람들이 관상 기도의 개인적 체험을 공개했으면 좋겠다는 대중들의 기대가 커지고 있다. 이 기대가 실현되려면 사제와 목사들을 양성할 때 학문적 훈련과 함께 관상 기도와 수련에 대해서도 가르칠 필요가 있다. 그리스도교 공동체 안에 영적 지도력이 현실화될 때까지는 영적 체험을 찾아 많은 사람이 다른 종교 전통을 기웃거릴 것이다. 그들이 자신들이 속한 지역 교회나 교회 기관 안에서 영적 체험을 찾지 못하기 때문이다. 복음의 관상적 차원은 그리스도인들을 매우 깊은 차원에서 하나로 묶어 준다. 복음의 관상적 차원이 폭넓은 영역에서 쇄신된다면, 그리스도교 교회들의 재일치가 현실화될 것이다. 그리고 그리스도교 공동체의 영적 체험의 확고한 바탕 위에서 타 종교와의 대화가 이루어질 것이다. 나아가 세계의 다양한 종교들이 자신들이 공유하는 인간의 가치를 더욱 명료하게 증언하게 될 것이다.

차례

성령께 드리는 기도   5

머리말   9

―――――――――― 1장 ――――――――――
숨어 계신 하느님과의 만남

| 관상 기도 |
하느님께서 일하시는 시간   23

| 향심기도의 첫 걸음 |
우리에게는 침묵의 시간이 필요하다   33

| 지향의 상징, 거룩한 단어 |
하느님을 있는 그대로 받아들이기   51

| 떠도는 상상을 대하는 태도 |
가장 좋은 생각조차 놓아 버리기   67

| 영적 주의력의 탄생 |

하느님 현존이 우리 안에 자리 잡음   95

| 침묵이 깊어질 때 떠오르는 생각 |

하느님을 기다리는 마음에 방해가 되는 것들   113

| 무의식의 정화 작용 |

하느님의 치유는 어떻게 이루어지는가?   137

| 향심기도 집중 피정 |

깊은 휴식을 체험하다   163

| 향심기도 요약 |

주님, 당신은 누구십니까?   171

| 향심기도에 대한 단상 |

우리를 이끄시는 힘   183

2장
순수한 믿음을 향한 여정

| 향심기도에 대한 선입견과 오해 |
하느님의 뜻을 식별한다는 것   189

| 관상 기도의 역사 |
영성의 길   201

| 그리스도인의 변화와 성장을 위한 지침 |
인간의 노력은 은총에 의존한다   223

부록
- 향심기도 효과를 일상에 가져오는 수련들   239
- 활동 중에 바치는 기도문   244
- 주간 기도 모임   246
- 향심기도 방법   248
- 관상지원단   256

용어 해설   258

1장

숨어 계신

하느님과의

만남

관상 기도

하느님께서
일하시는 시간

　　　　　　　　관상 기도는 하느님께서 무엇이든지 하실 수 있는 세계다. 그 영역으로 옮겨가는 것은 매우 큰 모험이다. 그것은 무한으로 열려 있으며, 따라서 무한한 가능성으로 열려 있다. 우리 개인의, 자기가 만든 세계는 끝나고, 새로운 세계가 우리 안과 주변에 나타나 불가능한 일이 매일의 체험이 된다. 그러면서도 기도가 나타내는 세계는 일상 속에서 거의 알아차릴 수 없다.

　그리스도인의 삶과 성장은 우리 자신의 기본적인 선성善性, 즉 하느님께서 우리에게 초월적 가능성과 함께 주신 존재에 대한 믿음에 바탕을 둔다. 이 존재라는 선물은 **참자아***다. 우리가 믿음으로 동의하면 그리스도께서 내 안에 태어나시고, 그리스도와 우리의 참자아는 하나가 된다. 성령의 현존과 활동을 깨달으면 우리 안에 그리스도의 부활이 드러나는 것이다.

참된 기도는 우리 안의 성령의 현존과 성령의 부단한 영감을 확신하는 데 기초를 둔다. 이런 의미에서 모든 기도는 '성령 안에서의 기도'다. 그렇지만 '성령 안에서의 기도'는 성령의 영감이 우리 자신의 성찰이나 의지 행위 등의 매개 수단을 거치지 않고, 우리 영에 직접 작용하는 기도에만 한정하는 것이 더욱 정확한 것 같다. 달리 말해, 성령께서 우리 안에서 기도하시고, 우리는 그 기도에 동의하는 것이다. 이러한 기도에 대한 전통적인 용어가 '관상'이다.

관상 기도는 **관상 생활*** 의 일부다. 곧 관상 기도는 하느님과의 지속적 일치 상태로 이끌어 주는 체험 혹은 체험들을 말한다. 관상 생활은 하느님과의 일치가 지속되는 상태를 말하며, 이런 상태에서는 기도뿐 아니라 활동에서도 끊임없이 성령의 인도를 받는다.

기도의 뿌리는 내적 침묵이다. 기도를 말로 표현된 생각이나 느낌이라고 생각할 수도 있지만, 이는 기도의 여러 가지 형태 중에서 하나일 뿐이다. 에바그리우스에 따르면 '기도란 생각을 옆에 제쳐놓는 것'이다. 이 정의는 기도 속에 생각들이 있다는 것을 전제로 한다. 향심기도는 생각의 부재라기보다는 생각에서의 초연함이다. 그것은 말과 생각과 정서를 넘어, 다시 말해 현재 순간의 심리적 내용을 넘어서 **궁극적 신비*** 이신 하느님께 정신과 마음, 육신과 정서, 즉 우리 전 존재를 열어 드리는 것이다. 향심기도에서는 의식 속에 있는 것을 거부하거나 억압하지 않는다. 단지 의식 속에 있는 것을 사실 그대로 받아들이고 그것을 넘어가는 것이다. 이는 노력이 아니라 모든 것을 놓아 버림으로써 이루어진다.

《볼티모어 교리서 Baltimore catechism》에 따르면 "기도란 정신과 마음을 하느님께 들어 올리는 것"이다. 기도에 대한 이 옛날의 정의를 사용할 때, 들어 올리는 이는 우리가 아니라는 사실을 염두에 두어야 한다. 모든 기도에서 하느님께 정신과 마음을 들어 올리는 것은 성령만이 하실 수 있다. 성령의 감도에 따른 기도에서 우리는 자신을 들어 올리는 활동으로 넘치게 하고 모든 성찰은 내려놓는다. 성찰은 기도의 중요한 예비 과정이지만 기도는 아니다. 기도는 하느님께 우리의 내적 행위를 바치는 것만이 아니라, 있는 그대로의 우리 자신을 봉헌하는 것이다.

성령의 활동은 부잣집에 입양된 아이에게 새 가정에서 어떻게 처신해야 할지 가르치는 능숙한 보모에 비견할 수 있다. 거리에서 데려온 아이가 우아한 잔치 식탁에 앉았을 때처럼, 우리는 올바른 식탁 예절을 배우고 실습하는 데 많은 시간이 필요하다. 거친 성장 배경 때문에 식탁에 흙 묻은 발을 올려놓는가 하면, 접시를 깨거나 무릎에 국을 엎지를 수도 있다. 새로운 집에 적응하려면 태도와 행동 양식이 근본적으로 변화되어야 한다. 이 때문에 처음에는 보모가 강압적이고 지나치게 엄격한 사람으로 보일 수도 있다. 하지만 보모는 이것저것 가르치는 가운데에서도 늘 격려하는 것처럼 보인다. 결코 비난하거나 판단하지 않고, 새로운 삶을 살아가도록 우리를 초대하는 것 같다. 이처럼 향심기도는 성령께서 우리에게 베푸시는 교육이다.

우리가 이러한 교육 과정에 참여하는 것이 그리스도교 전통에서 말하는 자기 부정이다. 예수님은 "누구든지 내 뒤를 따르려면 자신을 버리고 제 십자가를 지고 나를 따라야 한다."(마르 8,34)라고 말씀하셨다. 가장 깊은 자아를 부정하는 것은 지력과 의지의 습관적 기능에서, 즉 가장 깊은 내면의 기능에서 초연해지는 것을 포함한다. 이것은 기도 중에 떠오르는 일상적 생각은 물론, 가장 경건한 성찰과 열망조차도 우리가 그것들을 하느님께 나아가는 필수적인 수단으로 취급하는 한 놓아 버릴 것을 요구할지도 모른다.

인간의 이성은 사고하는 바를 단순화하는 특성이 있다. 그러므로 엄청나게 풍부한 성찰이라 할지라도 하나의 생각으로 요약될 수 있다. 생각 자체는 하나의 현존, 이해의 행위라기보다는 **주의***의 행위가 된다. 이 원리를 예수님의 위격에 적용하면 이러한 주의가 결코 예수님의 인성을 배제하지 않음을 알 수 있다. 우리는 예수님 위격의 어느 특정 부분이 아니라, 신인적 존재인 예수님의 현존에 주의를 기울인다.

향심기도는 전략에 따르는 것이 아니라 하느님과의 인격적 관계를 통하여 발전해 나가는 역동적 과정의 일부다. 동시에 자신의 기도와 삶의 방식에 어느 정도 적당한 조직적 요소를 가미하면 그 과정이 촉진된다. 그것은 마치 건강에 좋은 음식과 운동이 어린이의 신체 발달을 도와주는 것과 같다.

향심기도의 첫 번째 효과 중 하나는 무의식의 에너지가 방출되는 것이다. 이 과정은 두 가지 다른 심리 상태를 유발한다. 하나는 영적 **위안***의 형태로 개인적인 성장을 체험하는 것이고, 다른 하나는 굴욕적인 '자기 지식'을 통하여 인간의 나약함을 체험하는 것이다. 자기 지식은 인격의 어두운 면을 의식하게 되는 과정에 해당하는 전통적 용어다. 이처럼 두 무의식적 에너지가 방출될 때는 하느님께 헌신하고 타인을 배려하는 습관이 몸에 배어 있어야 보호받을 수 있다. 그렇지 않고 우리가 영적 위안을 누릴 경우 교만으로 우쭐해질 수도 있다. 혹은 영적 가난을 깨달아 비참해지면 낙담하거나 심지어 절망에 빠질 정도로 무너질 수도 있다. 하느님에 대한 헌신과 타인을 섬기는 습관을 길러 나가는 것은, 자기 자랑이든 자기 비하든 감정이 실린 생각들에 직면할 때 마음을 안정시키기 위해 절대적으로 필요한 방법이다.

하느님에 대한 헌신은 하느님 사랑을 위한 영적 수련에 투신함으로써 발달된다. 타인에 대한 봉사는 동정심에 이끌려 마음이 밖으로 향하는 것이다. 이러한 것들은 우리 자신의 영적 여정과 그 진행 상황에만 몰두하게 되는 뿌리 깊은 경향을 중화해 준다. 타인에 대한 봉사 습관은 우리가 하는 일 안에서 하느님을 기쁘게 해 드리려고 노력함으로써, 그리고 우리와 더불어 살아가는 사람들에 대한 동정심을 발휘함으로써 발달된다. 모든 이를 조건 없이 받아들이는 것은 "네 이웃을 너 자신처럼 사랑해야 한다."(마르 12,31) 하신 계명을 준수하는 것이다. 이는 '서로의 짐을 져 주는'(갈라 6,2 참조) 실제적인 방법이다. 박해를 받으면서도 판단하지 않는 것은 "내가 너희를 사랑한 것처럼"(요한 13,34) 서로 사랑하라는 계명을 지키는 것이며, "친구들을 위하여 목숨을 내놓는"(요한 15,13) 것이다.

하느님께 헌신하고 이웃을 섬기는 습관은, 무의식 에너지의 방출 통로 양쪽에 두 개의 둑을 쌓음으로써 우리가 정서적 혼돈의 홍수에 빠지지 않게 도와준다. 무의식의 에너지가 헌신과 섬김이라는 두 개의 둑 사이에서 순조롭게 흐르게 되면, 그 에너지는 우리를 영적 지각, 이해, 이타적 사랑의 더 높은 차원으로 끌어올려 줄 것이다.

　이와 같이 안정 장치 역할을 하는 두 가지 태도는 성령께서 **정화*** 시키고 성화시키는 빛을 받아들이도록 신경 조직과 신체를 준비시킨다. 이는 어떤 생각과 감정이 일어나 집착과 강박 단계에 이르기 전에, 우리가 그것들을 분별할 수 있게 해 준다. 습관적 생각과 욕망의 속박에서 자유로워질 때 우리는 고요한 마음으로 내적 기도에 들어갈 수 있다.

　초연함은 자기 부정의 목표다. 이는 모든 실재에 대한 무소유의 태도로 거짓 자아 체계의 뿌리를 공격하는 마음가짐이다. 거짓 자아란 엄청난 착각으로서, 뇌와 신경 조직 속에 저장된 습관적 사고 형태와 정서적 습관들이다. 컴퓨터 프로그램처럼, 그것은 특정한 상황이 그에 해당하는 단추를 누를 때마다 그에 따른 명령을 수행하곤 한다.

　이러한 거짓 자아는 자신의 교묘한 의도가 신앙적 동기를 가진 것이라는 인상을 풍기기도 한다. 진정한 신앙적 태도는 하느님에게서 오는 것이지 거짓 자아에서 오는 것이 아니다. 성령께서는 자기중심적 성향의 뿌리를 치유해 주시며 우리 의식의 활동 원천이 되신다. 거짓 자아가 아니라 성령의 영향 아래 자연스럽게 행동하려면 과거의 정서 프로그램은 지워지고 대체되어야 한다. 덕의 수련이라는 말은 이러한 낡은 프로그램을 지우고 복음적 가치에 기반을 둔 새 프로그램을 입력하는 것을 지칭하는 전통적 용어다.

하느님이신 예수님이 관상의 원천이다. 우리가 하느님이라고 지각하는 그 어떤 것도 그분 현존의 한 줄기 빛살일 뿐이며 하느님 그 자체일 수는 없다. 마치 한 줄기 빛살이 프리즘을 통과할 때 여러 가지 색깔로 나뉘는 것처럼 하느님의 빛이 우리 마음에 닿으면 다양한 측면으로 나뉘어 표현된다. 궁극적 신비의 여러 측면을 구분해 내는 것은 잘못이 아니지만, 그 하나하나를 접근할 수 없는 '빛'과 동일시하는 것은 잘못이다.

성령께서는 성경과 일상의 사건을 통해 우리 양심에 말씀하신다. 우리가 이 개인적 만남의 두 가지 원천을 묵상하고 **정서적 행복 프로그램***을 제거하면, 우리 영혼은 성령의 말씀을 더욱 세련된 감수성으로 경청할 준비를 갖추게 된다. 그러면 성령께서는 우리의 참자아인 내면의 깊은 원천에서부터 우리 양심에 말씀하시기 시작한다. 바로 이것이 관상에 대한 적절한 표현이다.

이에 대한 예가 예수님의 거룩한 변모 이야기에서 제시된다. 예수님은 관상의 은총을 깨달을 준비가 가장 잘 되어 있는 세 제자, 말하자면 마음의 변화에 가장 진척이 있었던 제자들을 데리고 산에 가셨다. 하느님께서는 그 산에서 시현이라는 방법을 통해 감각적으로 그들에게 접근하셨다. 처음에 그들은 두려워하면서도 기뻐하였다. 베드로는 영원히 그곳에 머물고 싶어 했다. 그런데 갑자기 구름이 그들을 덮더니, 시현은 감춰지고 감각에 공백이 오며 고요해졌다. 아직 그들의 정신은 명료한 상태였다. 그들이 땅에 엎드린 동작은 그들의 마음 상태를 정확히 표현했다. 그것은 경배와 감사와 사랑이 한데 어우러진 자세였다.

하늘에서 들려 온 목소리는 성령의 현존에 대해 그들의 의식을 일깨웠다. 성령께서는 언제나 그들 안에서 말씀하고 계셨지만, 그 이전까지 그들은 결코 알아듣지 못했다. 활짝 열린 그들의 내면은 하느님의 빛나는 현존으로 가득 찼다. 예수님께서 그들에게 손을 대시자, 그들은 일상적 지각 상태로 돌아와 그분을 이전 모습대로 보게 되었다. 그러나 이제는 변화된 믿음의 의식으로 그분을 볼 수 있었다. 그들은 더 이상 예수님을 단순한 인간으로 보지 않았다. 그들의 수용적, 능동적 기능이 성령으로 일치된 것이다. 하느님의 내적 말씀과 외적 말씀이 이제 하나가 되었다. 이러한 의식에 도달한 사람들에게 일상생활은 지속적인 하느님의 계시다. 그들이 성경과 전례를 통해 듣게 되는 말씀은 관상이라는 기도를 통하여 배운 것을 확인해 준다.

향심기도의 첫 걸음

우리에게는 침묵의 시간이 필요하다

제2차 바티칸 공의회 이후, 가톨릭 교회는 신자들이 사제나 수도자 혹은 그 외의 다른 사람들에게 기대하는 대신 스스로 그리스도인의 삶을 충만히 살도록 권장했다. 이는 세상 속 매일의 삶에서 복음의 관상적 차원을 살아가게 해 줄 구조를 찾아내려면 평신도에게 책임감과 더불어 창의력까지 필요하다는 뜻이다.

하느님과의 일치는 모든 그리스도인의 목표다. 세례를 받은 우리는 인간으로서 그리고 하느님의 자녀로서 성장하는 데 필요한 모든 수단을 가지고 있다. 어떤 특별한 자격이 그것을 이루는 유일한 길은 아니다.

몇 년 전에 나는 평신도 기관 연합회에서 강의를 했었다. 여기에는 M.E.(Marriage Encounter), 사회 운동 단체, 재속회 및 신규 공동체 등이 포함되어 있었다. 이 강의는 수도자 영성에 기반을 두었지만, 이때 나는 '수도자'라는 말 대신 '그리스도인'이라는 말을 사용했다. 대부분 청중들은 이 전통적인 가르침이 그들 자신의 체험에 해당했기 때문에 크게 공감했다.

동서양을 막론하고 영성 훈련은 일단 하느님과의 일치 상태가 존재한다는 것을 깨닫게 되면, 그러한 일치를 향한 여정에 들어가기 위해 우리가 할 수 있는 일이 있다는 가정에 바탕을 두고 있다. 향심기도는 관상 기도의 온전한 발전을 가로막는 장애를 줄이기 위해 고안된 훈련이다. 이는 실용적 방법을 좋아하는 현대인을 위한 것으로 그리스도교 전통 영성 대가들의 관상적 가르침에서 발견되는 기도 방법을 과거의 먼지 낀 책 속에서 오늘날의 햇빛 속으로 가져온다.

향심기도는 하나의 방법일 뿐만 아니라, 참된 기도다. 즉 우리 안의 하느님 현존과 활동에 동의하는 기도. 일차적으로 이 기도는 마태오 복음 6장 6절에 나오는 예수님의 지혜 말씀에 기초를 둔다.

"너는 기도할 때 골방에 들어가 문을 닫은 다음, 숨어 계신 네 아버지께 기도하여라. 그러면 숨은 일도 보시는 네 아버지께서 너에게 갚아 주실 것이다."

요한 카시아노 성인의 《담화집》 9장에서 이사악 아빠스는 이 말씀을, '우리 안의 하느님 현존'에 개방하고 내적 침묵에 들어가라는 초대로 해석한다. 방법으로서의 향심기도는 예수님께서 제시하시는 첫 두 단계에 기초를 둔다. 즉 외부 환경과 그 소란스러움을 놓아 버리고, 생각과 느낌의 내부 소음을 떨쳐 버리는 단계다(이는 그것들에 대해 문을 닫는 것으로 상징화

된다). 골방 기도라는 말은 나중에 그리스도교 전통에서 관상이라고 불릴 것을 가리키는 예수님의 용어다. 이것들은 분명 더 깊은 침묵으로 들어가는 세 과정이다. 세 번째 단계는 실제로 하느님께서 거주하시면서 우리를 기다리시는 은밀한 곳에 숨어 계신 하느님과 우리 인식이 결합할 때 일어난다.

향심기도는 생각의 일상적 흐름에서 우리의 주의를 거둬들인다. 우리는 그 흐름에 동화되기 십상이다. 하지만 우리에게는 영적 차원이라는 더 깊은 부분이 있다. 향심기도는 이 깊은 차원에 우리 인식을 열어 놓는다. 비유하면, 이 영적 차원이라는 강 위에 기억, 상상, 느낌, 내적 체험, 외부 사물에 대한 인식이 떠 있는 것이다.

많은 사람이 그들의 생각과 느낌의 일상적 흐름에 동화되어 이 정신적 대상들이 출현하는 원천을 인식하지 못한다. 강 표면을 따라 떠다니는 배나 부유물처럼, 우리의 생각과 느낌은 무언가의 위에 떠 있는 것이 틀림없다. 이 무언가라는 것은 의식의 내적 흐름인데, 이 흐름은 하느님의 존재에 우리가 참여하는 것이다.

영적 차원은 일상적 인식이 즉각 알아차릴 수 있는 것은 아니다. 그것을 알아차리기 위해서는 우리가 무언가를 해야만 한다. 우리를 가장 인간적이게 만드는 것은 우리 존재의 차원이다. 거기서 우리가 발견하는 가치들은 정신 표면을 떠다니는 가치들보다 우리를 더 기쁘게 한다. 매일 이 깊은 차원에서 자신의 원기를 회복할 필요가 있다. 사람에게 운동과 음식, 휴식과 잠이 필요하듯이, 우리에게는 내적 침묵의 순간이 필요하다. 이것들이 가장 깊은 원기 회복을 가져다주기 때문이다.

향심기도는 하느님께 동의하고 승복하는 것이다. 영적 여정은 어디론가 떠나야 하는 것은 아니다. 이미 하느님께서 우리 안에 현존하시기 때문이다. 향심기도는 일상적 생각이 뒤로 물러나 의식의 강을 떠다니도록 놔두면서, 그것들에는 주의를 기울이지 않고 그것들을 떠받치는 강을 향해 주의를 기울이는 것이다. 우리는 강둑에 앉아서 지나가는 배를 바라보는 사람과 같다. 우리가 의도적으로 배보다 강에 집중하면, 지나가는 생각들을 무시할 수 있는 능력이 높아지며, '영적 주의력'이라고 부를 수 있는 일종의 전면적인 주의력이 나타날 것이다.

향심기도 맥락에서 생각은 의식의 내적 화면 위에 나타나는 모든 지각을 의미한다. 개념, 성찰, 신체 감각, 감정, 영상, 기억, 계획, 외부 소음, 평화의 느낌 등일 수 있고, 심지어 영적 소통도 포함될 수 있다. 이 기도 시간에는 모든 종류의 생각, 심지어 가장 경건한 생각조차도 놓아 버려야 한다.

생각을 쉽게 놓아 버리려면, 자신의 몸에 대해 생각하지 않을 정도로 편안한 자세를 취해야 한다. 몸의 불편함을 떠올리지 않도록 혈액 순환을 막는 자세는 피하는 것이 좋다. 또한 지나친 소음이나 예기치 않은 소음에 방해받지 않도록 비교적 조용한 장소를 선택해야 한다. 집 안에 그런 장소가 없다면, 최대한 방해받지 않을 조용한 시간을 찾도록 하라.

우리는 눈에 보이는 것을 생각하는 경향이 있기에 눈은 감는 것이 좋다. 일상 활동에서 감각을 거두어들이면 깊은 휴식 상태에 도달할 수 있다. 전화벨 소리 같은 갑작스러운 소음은 신경을 흔들어 놓을 것이다. 그러므로 기도가 끝나는 시간을 알려 줄 시계나 타이머는 조용한 것이어야 한다. 시계 소리가 시끄러우면 베개 밑에 넣어 두자. 외부 소음은 가급적 피해야 한다. 외부 소음이 들리더라도 동요되지 말자. 동요된다는 것은 감정이 실린 생각으로서 당신이 다가갔을지도 모르는 내적 침묵을 깨뜨리기 쉽다. 기도 시간으로는 가장 정신이 맑을 때가 적합하다. 하루 일과를 시작하기 전인 이른 아침이 좋은 시간이다.

　이렇게 적절한 시간과 장소, 비교적 편안한 의자나 자세를 선택하고, 눈을 감았다면, 하느님께 자신을 열어 드리고, 그분에게 동의하고 승복한다는 지향의 표시로 거룩한 단어를 선택하자. 하느님 현존에 대한 동의의 표시로 한두 음절의 단어 하나를 고르는 것이 좋다. 입술이나 성대를 사용해 이 단어를 발음하지 마라. 기도를 시작할 때, 그리고 다른 생각을 하고 있다는 것을 알아차릴 때마다 이 거룩한 단어를 떠올려 인식 안에 부드럽게 자리 잡도록 해야 한다.

　거룩한 단어는 당신이 가고 싶어 하는 곳으로 가게 하는 수단이 아니다. 그것은 단지 하느님 현존에 동의한다는 지향을 확인하고 바로 잡아서, 영적 본성이 한층 더 나아가려는 인식의 발달에 도움이 되는 분위기를 조성한다. 당신의 모든 생각을 억제하는 것이 목적은 아니다. 그것은 불가능한 일이기 때문이다. 은총의 작용이 너무 강해서 하느님 안에 빠져든 경우가 아니라면, 대개 내적 침묵을 가진 지 30초도 안 되어서 어떤 생각이 떠오를 것이다.

향심기도는 하느님 현존이 시작되도록 하는 방법이 아니다. 오히려 그것은 "저 여기 있습니다."라고 말하는 방법이다. 그 다음 단계는 하느님께 달렸다. 이는 자신을 전적으로 하느님 뜻에 맡기는 것이다. 자신을 완전히 내어 주고자 하시는 하느님의 지향에 복종하는 것이다.

당신은 손을 위로 향하여 합장하는 동작에 익숙할 것이다. 이 합장은 모든 기능을 함께 모아 하느님께 향하게 한다는 상징이다. 거룩한 단어는 이와 유사한 목적을 지닌다. 그것은 육체적이라기보다는 정신적인 동작이다. 거룩한 단어는 힘들이지 않고 자연스럽게 일어나는 생각을 떠올리듯이, 전혀 애쓰지 말고 그 단어를 의식에 끌어 들여야 한다.

거룩한 단어는 무심결에 떠오르는 생각을 내버려 두고 의식의 강을 따라 내려오는 좀 더 흥미로운 생각에서 벗어나는 방법이다. 이것은 그 생각과 직접 부딪쳐서 만드는 것이 아니라 내 안의 하느님 현존과 활동에 동의하고자 하는 지향을 재확인함으로써 이루어진다. 의지의 동의를 새롭게 하고 그것이 습관화되면, 불가피한 생각의 흐름에 거의 혹은 아예 주의를 기울이지 않을 수 있는 분위기가 조성된다.

일정한 시간 동안 아무것도 아닌 듯한 일을 행하는 것이 불안하다면, 그 어느 누구도 매일 밤 6~7시간 동안 잠자는 것을 주저하지 않음을 기억하라. 이 기도를 하는 것은 아무것도 하지 않는 것이 아니다. 그것은 일종의 매우 부드러운 활동이다. 생각에 빠져들 때 거룩한 단어로 돌아감으로써 당신의 의지가 계속해서 하느님께 동의하는 한, 이것은 정신이 깨어 있기에 충분한 활동이다.

대부분 사람들이 내적 침묵을 조성하고 피상적인 생각을 넘어가는 데 필요한 최소 시간은 20~30분이다. 더 오래 머물고 싶을 수도 있다. 경험을 통해 적절한 시간을 알게 될 것이다. 정해 놓은 기도 시간이 끝나면, 일상적 생각으로 다시 돌아가라. 이때가 하느님과 대화하기에 좋은 시간일 것이다.

또한 조용히 혼잣말로 소리 기도를 하고 싶거나 하루를 계획하고 싶을 수도 있다. 눈뜨기 전에 2분 정도 시간을 가져라. 내외적 감각을 사용하지 않으면 심오한 영적 주의력으로 나아갈 수 있다. 그래서 눈을 곧바로 뜨면 신경에 거슬릴 수도 있다.

매일 향심기도를 수련하면 영적 차원에 대한 감수성이 발달하면서, 일상 활동에서 때때로 하느님 현존에 대한 인식이 일어나기 시작한다. 이유는 모르지만, 내적으로 하느님께 향하도록 부름받았다고 느낄 수도 있다. 영적 감수성이 질적으로 발전하면서 이전에는 지각하지 못했던 세계에서 울리는 진동을 포착할 수 있게 된다. 의도적으로 하느님에 대해 생각하지 않고서도, 하느님께서 종종 일상 가운데 현존하심을 깨닫게 될 수도 있다.

이런 체험은 흑백 TV 화면에 색채가 덧씌워진 것과 같다. 색채가 존재했으나 그동안 적절한 수신기가 없었기 때문에 전송되지 못한 것이다. 그림은 똑같지만, 이전에 깨닫지 못했던 새로운 차원으로 상당한 질적 향상이 이루어진다. 향심기도는 언제나 현존하면서 우리가 거기 참여하도록 초대받은 어떤 차원의 실재에 자신을 조율하는 방법이다. 이러한 확장된 인식에 대한 장애를 줄이기 위해서는 적절한 훈련이 필요하다.

향심기도에 대한 현 논의에서 우리는 호흡 수련, 요가, 태극권, 조깅 등 몸과 정신 및 신경 조직을 진정시키는 방법을 탐구하고자 하는 것이 아니다. 이러한 방법은 긴장 이완에는 도움이 된다. 하지만 우리의 가장 큰 관심은 믿음의 관계에 있다. 이러한 믿음의 관계는 매일 시간을 내어 하느님께 자신을 열어 드리는 것으로 표현된다. 다시 말해, 매일 만날 정도로 하느님을 진지하게 받아들이는 것이다. 상당히 심각한 이유가 아니라면 결코 약속을 깨지 않을 면접을 하듯 그분을 만나는 것이다. 이러한 기도는 사고하기 위한 노력이 필요 없기에, 우리가 아플 때에도 기도를 계속할 수 있다.

향심기도에서 가장 기본적인 자세는 하느님께 동의하는 것이다. 그리스도인의 수련은 '인내'라는 말로 요약할 수 있다. 신약 성경에서 인내는 시간의 길이에 상관없이 하느님을 기다리는 것을 뜻한다. 도망가지 않고, 싫증이나 낙담에도 굴복하지 않는 것이다. 이는 복음서에 나오듯 집주인이 자정을 훌쩍 넘긴 시각까지 귀가하지 않아도 기다렸던 종의 자세와 같다. 마침내 주인이 집에 왔을 때, 그는 종에게 전체 집안일을 관리할 책임을 맡겼다. 이처럼 당신이 기다리면, 하느님께서는 자신을 드러내실 것이다. 물론, 당신은 오래 기다려야 할지도 모른다.

다음 고딕체로 표시한 문장은 향심기도에 대해 공통적으로 묻는 여러 가지 질문이다.

나는 이 수련이 잘 안 되는 것 같다. 기능을 비우려고 노력하는 것이 유익한가?

당신의 기능을 비우려 애쓰지 마라. 그것은 유익하지도 않고 가능하지도 않다. 기도 중에는 언제나 가벼운 활동이 있기 마련인데, 이러한 활동은 거룩한 단어를 떠올리거나 하느님 대전에 현존한다는 단순한 인식을 통해서 표현된다. 내적 침묵의 체험은 당신의 지향이 아주 섬세한 방식으로 존재한다는 것이다. 당신의 지향이 작용하고 있지 않다면 하느님 안의 내적 휴식 체험을 유지할 수 없다. 그것은 매우 단순하기 때문에 아무 일도 안 하는 것처럼 보일 수도 있다. 동시에 이 기도 방법은 배우는 데에 시간이 걸리며, 때때로 공백을 체험해도 걱정할 필요가 없다. 공백 상태에 있다고 느낀다면, 그것은 생각이다. 그러니 그저 거룩한 단어로 돌아가라.

내가 기도 중에 졸고 있다는 것을 알아차릴 때 어떻게 해야 하나?

당신이 졸고 있다 해도, 개의치 마라. 부모 품에 안긴 아이가 때때로 잠이 들 때도 있지만, 부모는 아이가 행복하게 쉬고 있고 가끔씩 눈을 뜨는 한 걱정하지 않는다.

시간이 어찌나 빨리 지나갔는지 놀랐다. 정말 20분이 지났나?

시간이 빨리 지나갔다는 것은 생각을 별로 하지 않았다는 표시다. 그것이 가장 좋은 기도라고 말하는 것은 아니다. 심리적 체험에 근거해서 기도 시간을 판단하는 것은 현명하지 못하다. 때때로 기도 시간 내내 온갖 생각이 쏟아질 수도 있지만, 그 시간이 매우 유익했을 수도 있고 하느님을 매우 기쁘게 해 드렸을 수도 있다. 당신의 주의가 생각보다 훨씬 더 깊었을 수도 있다. 어떤 경우든, 단 한 번의 기도 시간을 토대로 그 기도가 어떻다고 판단할 수 없다. 대신 일상생활에서 그 열매를 찾아야 한다. 타인의 행동에 더 인내하고, 자신을 스스로 더 편안하게 대하며, 아이들에게 소리치는 횟수와 강도가 줄어들고, 가족들이 당신이 만든 요리에 대해 불평해도 상처를 덜 받게 된다면, 이 모든 것은 당신 내면에 다른 가치들이 작용하기 시작한다는 표시다.

향심기도 시간 내내 아무 생각도 떠오르지 않는다면, 당신은 시간관념을 거의 혹은 완전히 잃어버린 것이다. 그러한 체험은 시간 감각의 상대성을 드러낸다. 그러나 기도 시간이 항상 짧게 여겨지지는 않을 것이다. 때때로 매우 길게 느껴질 수도 있다. 평온함과 생각과의 투쟁이 교대로 일어나는 것은 기도의 한 과정으로, 점점 더 안정적으로 더 깊은 차원의 침묵을 알기 위한 직관 기능을 정제하는 과정의 일부다.

졸리거나 아주 피곤하면 생각이 더 줄어드는가?

대체로 그렇다. 잠들지만 않으면 말이다. 수도원에서는 새벽 일찍 기상하는데, 그럴 때 종종 휘청거리기도 한다. 이것이 우리가 쓰는 특수한 방법의 일부인데, 즉 너무 피곤해서 생각도 할 수 없을 정도가 되는 것이다. 하루 종일 열심히 일한 후, 저녁에도 이와 똑같은 체험을 할 수도 있다. 나른한 상태를 즐기는 데 빠져 있지 않고 깨어 있을 만큼 정신을 차리는 한, 이는 도움이 될 수 있다. 하지만 잠에 빠지더라도 언짢아하지 말자. 휴식이 좀 더 필요한지도 모른다.

그렇지만 기도를 위해 가장 정신이 맑을 수 있는 시간을 선택하라. 그래야 기도 시간 내내 졸지 않고, 더욱 충만하게 향심기도를 체험할 수 있다. 만일 잠들었다면, 깼을 때 몇 분간 향심기도를 계속하여 그날 기도를 완전히 망쳤다는 생각이 들지 않도록 하라. 이 기도에서 하는 활동은 너무 단순하여, 깨어 있기 위해 필요한 최소한의 일을 하지 않는다면 잠에 빠지기 쉽다. 거룩한 단어로 아주 부드럽게 돌아가는 것이 한 가지 방법이다.

예수님께서는 제자들에게 "깨어 기도하라." 하고 권고하셨다. 바로 이것이 우리가 향심기도 중에 하는 일이다. 깨어 있는 것만으로도 맑은 정신으로 있기에 충분하다. 기도는 우리 안의 하느님 현존과 활동에 개방하고 동의하는 것이다.

향심기도는 '주의' 훈련이라기보다는 '지향' 훈련이다. 이 차이를 이해하는 데는 시간이 걸릴 수 있다. 향심기도 중에는 어떠한 특정 생각에도 주의를 기울이지 않는다. 대신 하느님께서 머무르신다고 믿는 당신 존재의 가장 깊은 곳으로 가고자 '지향'해야 한다. 개념이나 느낌이 아니라, 순수한 믿음으로 자신을 하느님께 열어 드리는 것이다. 이는 조용하게 문을 두드리는 것과 같다. "법에 따라 이 문을 여시오. 나를 들여보내 주시오!"라고 말하는 것처럼 당신의 기능으로 문을 두드리는 것이 아니다.

당신은 이 문을 억지로 열 수 없다. 이 문은 반대편에서 열린다. 거룩한 단어로 말하려는 것은, "저 여기 기다리고 있습니다."라고 말하는 것이다. 이는 한없이 기다리는 게임이다. 어떤 특별한 일도 일어나지 않을 것이다. 만일 그런 일이 일어나더라도, 아무 일도 일어나지 않은 것처럼 거룩한 단어로 부드럽게 돌아가야 한다. 어떠한 환시가 보이거나 음성이 들려오더라도, 거룩한 단어로 돌아가야 한다. 이것이 향심기도 방법의 핵심이다.

나는 기대감을 품고 있었다. 그 다음에 나는 내가 무언가 일어나기를 바라고 있다는 사실을 생각하고 있다는 것을 알아챘다.

이 기도에서는 아무런 기대도 하지 마라. 이 기도는 애쓰지 않는 훈련, 내버려 두는 훈련이다. 노력한다는 것은 하나의 생각이다. 그래서 우리는 거룩한 단어로 아주 부드럽게 돌아가라고 말한다. 애쓴다는 것은 무언가 달성하기를 원하는 것이며, 미래를 겨냥하는 것이다. 반면 이 기도는 당신을 현재 순간에 데려다 놓기 위한 것이다. 기대는 미래 지향적이다. 따라서 그것 역시 생각이다.

우리가 습관적 사고 활동에서 정신을 떼어 놓기 위해 할 수 있는 일은 시작하는 것뿐이다. 이는 물이 찬 욕조에서 마개를 빼는 것과 같다. 물은 저절로 흘러내리기에 욕조 밖으로 물을 밀어낼 필요가 없다. 그저 빠져 나가도록 놔두면 된다.

이 기도에서 당신은 이와 비슷한 일을 해야 한다. 연이어 올라오는 일상적인 생각들이 당신에게서 흘러나가게 내버려 두라. 아무런 기대 없이 하느님 현존 속에서 기다리는 것으로 충분한 활동이 된다.

느낌에 대해서는 어떻게 해야 하는가? 그것 역시 내버려 두어야 하는가?

그렇다. 이 기도 맥락에서는 그것도 생각이다. 어떠한 종류건 지각하는 것은 생각이다. 생각하고 있지 않다고 생각하는 것조차 생각이다. 향심기도는 모든 지각이 지나가게 내버려 두는 훈련이다. 그것들에 화를 내며 떠밀어 내는 것이 아니라, 그저 지나가게 내버려 두는 것이다. 이것은 점차 영적 주의력을 발달시키는데, 이러한 영적 주의력은 평화롭고, 고요하고, 힘이 들어가지 않는다.

더 깊은 차원의 주의란 생각을 덜 하는 기능인가?

그렇다. 심지어 아무런 생각도 하지 않을 수 있다. 그러면 자신이 도달할 수 있는 가장 깊은 지점에 있게 된다. 그 순간에는 시간 감각이 없다. 시간은 사물이 지나가는 것을 재는 척도다. 아무것도 지나가지 않을 때, 무시간성을 체험한다. 이는 기분 좋은 일이다.

외적 소음에 대해 어떻게 해야 하는가?

제어할 수 없는 소음에 대한 최선의 방책은 그것에 대한 저항심을 놓아 버리고 소음이 일어나게 내버려 두는 것이다. 외적인 것은 기도에 방해가 되지 않는다. 단지 우리가 그것을 문제라고 생각할 뿐이다. 어쩔 수 없는 외부 소란을 완전히 받아들임으로써, 당신은 세상 모든 소음의 한 가운데에 있으면서도 여전히 평온한 주의를 체험할 수 있음을 깨달을 것이다.

외적 어려움에 대해 긍정적인 시각을 가져라. 매일 기도 시간을 빼먹는 것에 대해서만 부정적 시각을 가져라. 이것은 절대로 받아들이면 안 된다. 기도 시간이 소음으로 가득해 기도가 완전히 실패한 것처럼 느껴지더라도, 기도를 계속하라.

종일 바쁘게 돌아다니는 사람도 정말 관상가가 될 수 있는가?

그렇다. 이 말은 사람들이 아무 일도 하지 않고, 종일 돌아다닌다고 관상가가 된다는 뜻은 아니다. 한편으로 관상을 하기 위해서는 인간이기만 하면 된다는 것이다. 결국 그것이 우리 모두 천국에서 하게 될 유일한 일이다. 관상적 태도를 발달시키기 위해 더 도움이 되는 생활 양식이 있는 것은 사실이지만, 이 방법을 계속하면 평범한 생활에서도 좋은 효과를 낼 수 있다.

함께 여행하고 있는 사람들에게, "나는 지금 묵상을 하려고 한다."라고 말해도 되는가?

물론이다. 그들도 잠시 고요한 시간을 가지고 싶어 할지도 모른다.

나는 생각이 지나가게 놔두려고 노력하는 것을 인식한다. 하지만 실제로

는 하느님에 대한 이미지를 사용한다. 그것들은 주로 시각적인 경향이 있다. 그것 역시 버려야 할 생각인가?

이 기도의 맥락에서는 어떤 종류의 영상이든 생각이라고 여긴다. 감각 기능 혹은 상상이나 기억, 추리에서 생겨나는 지각은 어떤 것이든 생각이다. 그러므로 어떠한 지각이든 놓아 버려라. 자기 자신에 대한 생각을 포함하여, 의식의 강에 나타나는 모든 것은 결국 지나갈 것이다. 이는 오로지 모든 생각이 지나가도록 놔두느냐 여부의 문제다. 시간이 이를 해결할 것이다.

나는 그동안 대개 영상을 통해 하느님에게 초점을 맞춰 왔다. 영상을 없애면, 어떻게 초점을 맞춰야 할지 모르겠다. 이제 나는 내가 되풀이하는 단어에만 주의를 기울여야 하는가?

당신의 주의는 거룩한 단어를 포함하여 어떤 특별한 생각에 향해서는 안 된다. 다음 장에서 더 깊이 다루게 될 거룩한 단어는, 생각에 빠져들 때 자신을 하느님께 열어 드리고 동의한다는 당신의 지향을 재확립하는 수단일 뿐이다. 거룩한 단어를 계속 되풀이하는 것이 필수는 아니다. 내적 침묵은 우리가 당연히 체험하고 싶어 하는 것이다. 어떤 것도 억지로 할 필요가 없다. 억지로 하면 또 다른 생각을 불러들이는데, 어떠한 생각이라도 그것은 당신이 가고 싶은 데로 가는 것을 막을 것이다.

단어보다 시각적 영상을 통해 내면으로 향하는 것이 더 쉬운 사람도 있다. 시각적 영상을 더 선호한다면, 구체적이지 않고 대략적인 것을 선택하라. 예를 들어 당신이 볼 수도, 들을 수도, 만질 수도 없는 연인을 바라보는 것처럼 내면에서 하느님을 바라보라.

이야기를 듣다 보니, 나는 추락을 막기 위해 영상을 사용한다는 생각이 들었다.
    어떤 사람들은 침잠하게 되면, 낭떠러지 끝에 서 있는 기분을 느낀다. 하지만 걱정하지 마라. 떨어질 위험은 없다. 우리의 상상은 미지의 것에 당황하기 쉽다. 우리의 상상은 영상에 깊이 길들여져 있어서 그러한 습관적 사고방식에서 벗어나기 어렵다. 이 기도가 편안해지기 위해서는 수련이 필요하다.

지향의 상징, 거룩한 단어

하느님을
있는 그대로
받아들이기

거룩한 단어는 당신이 무엇을 선택하든 거룩하다. 이는 그 단어의 의미 때문이 아니라 지향 때문이다. 거룩한 단어는 당신 안에 거주하시는 궁극적 신비이신 하느님께 동의한다는 지향을 나타낸다. 그리고 지나가는 생각에 빠져 있다는 사실을 알아차렸을 때 되돌아가는 초점이 된다.

일단 편하게 느끼는 단어를 고정적으로 사용하라. 만일 다른 단어를 선택하고 싶어지면 그렇게 해도 좋다. 그러나 한 기도 시간 동안에는 이 단어 저 단어로 옮겨 다니지 마라. 거룩한 단어는 하느님께 자신을 열어 드리고 그분을 있는 그대로 받아들이겠다는 지향을 새롭게 하는 방법이다. 다른 시간에 다른 형태로 기도하는 것을 막는 것은 아니지만, 향심기도는 특별히 다른 사람들을 위해 기도하는 시간이 아니다. 하느님께 동의함으로써 암묵적으로 과거, 현재, 미래의 모든 사람을 위해 기도하게 된다. 당신은 피조물 전체를 끌어안고, 모든 실재를 받아들이는 것이다. 이는 하느님과 함께하고 당신이 대개 알아차리지 못하는 자신의 실재, 말하자면 당신 존재의 영적 차원에서부터 시작하는 것이다.

거룩한 단어는 당신을 당신의 원천과 일치할 수 있게 해 준다. 인간은 무한한 행복과 평화를 위해 창조되었다. 그리고 우리가 그 방향으로 나아가기 시작한다는 것을 알게 될 때, 우리 자신을 그곳으로 밀어붙일 필요는 없다. 어려운 점은 우리가 대개는 반대 방향으로 가고 있다는 것이다. 우리는 우리의 관심사 및 그것들을 자극하고 강화시키는 세계와 우리 자신을 동일시하기 쉽다.

거룩한 단어는 강 표면에서 바닥으로 내려가기 위한 운송 기관이나 수단이 아니다. 그곳으로 가기 위한 조건이다. 공을 쥐고 있다 놓아 버리면 바닥으로 떨어진다. 그러므로 던질 필요가 없다.

이처럼 거룩한 단어는 모든 생각을 놓아 버리는 방법이다. 이것은 내적 침묵으로 이끌리는 영적 기능들이 자연스럽게 그 방향으로 나아가는 것을 가능하게 만든다. 이 과정은 노력이 필요하지 않다. 단지 일상의 관심사들을 기꺼이 놓아 버리는 태도만을 요구한다.

인간의 의지는 무한한 사랑을 위해, 정신은 무한한 진리를 위해 만들어진 만큼 그것들을 멈추게 하지만 않는다면 의지와 정신은 무한한 사랑과 진리를 향해 움직인다. 의지와 정신이 자연적으로 움직일 자유가 제한된 것은 그것들이 다른 방향에 몰두하고 있기 때문이다. 향심기도 중에 이 기능들은 다시 자유를 되찾는다.

우리를 하느님에게서 떼어 놓는 첫 번째 원인은 우리가 하느님에게서 떨어져 있다는 생각이다. 우리가 그 생각을 떨쳐 버리면, 문제는 상당히 줄어들 것이다. 우리는 언제나 하느님께서 우리와 함께 계시고, 또 그분께서는 모든 실재 안에 계신다는 사실을 믿지 못한다. 현재, 우리가 보는 모든 대상, 우리의 가장 내밀한 본성이 모두 그분 안에 뿌리를 두고 있다. 그러나 우리는 개인적 체험을 통해 그것을 확신할 때까지는 이를 잘 믿으려 들지 않는다.

그래서 하느님과의 친밀성을 점진적으로 발전시켜 나가는 과정이 필요하다. 하느님께서는 내면뿐만 아니라 타인을 통해서, 외적 사건을 통해서 끊임없이 우리에게 말씀을 건네신다. 하느님 현존을 체험하면 모든 것, 즉 사람과 사건과 자연 안에서 그분을 인지하는 우리 능력이 활성화된다. 그러면 우리는 기도하는 시간뿐만 아니라 외적 감각의 체험에서도 하느님과의 일치를 누릴 수 있다.

향심기도는 우리가 몸담고 있는 실재를 깨닫는 한 가지 방법이다. 우리는 숨 쉬는 공기에 대해 거의 생각지 않지만, 그것은 언제나 우리 안에 있고 우리 주위에 있다. 이처럼 하느님 현존도 우리 주변에 있으며, 언제나 우리를 감싸 주신다. 그러나 안타깝게도 우리 인식은 이러한 실재의 차원을 깨닫지 못하고 있다.

우리는 매 순간 하느님 현존을 누릴 수 있다. 그러나 우리 안에 이를 방해하는 커다란 장애물이 있다. 그 장애물은 바로 우리의 세계관이다. 우리의 관점은 그리스도의 마음, 그분의 관점으로 교체될 필요가 있다.

바오로 사도에 따르면 믿음과 세례를 통해 그리스도의 마음이 우리 것이 되었다. 그러나 그것을 우리 것으로 소유하려면 다음과 같은 그리스도의 초대를 알아듣기 위한 감수성을 발달시키는 훈련이 필요하다.

"보라, 내가 문 앞에 서서 문을 두드리고 있다. 누구든지 내 목소리를 듣고 문을 열면, 나는 그의 집에 들어가 그와 함께 먹고 그 사람도 나와 함께 먹을 것이다."(묵시 3,20)

문을 여는 일에 큰 노력이 드는 것은 아니다.

우리의 일상적 관심사에는 무의식적 가치 체계들이 포함된다. 어떤 생각들은 우리 관심을 끄는데, 이는 어린 시절의 정서 프로그램에서 나오는 생각들에 애착을 갖고 있기 때문이다. 이러한 생각들이 우리 의식 속을 지나갈 때 자극하거나 위협하는 가치들에 정서적으로 깊이 연결되어 있어, 강한 반응이 일어난다. 그러나 우리는 모든 생각을 놓아 버리는 훈련을 함으로써, 점차 집착과 강박적 충동에서 자유로워질 수 있다.

향심기도 중에 성령께서는 우리를 휴식하면서 싸울 마음이 내키지 않는 상태에 놓아 주신다. 그리고 은밀한 도유를 통해 우리의 심리적 지각을 넘어서는 차원에서 허약한 인간 본성의 상처들을 치유해 주신다. 이는 마치 마취된 환자가 수술이 끝날 때까지 어떻게 수술이 진행되었는지 전혀 알지 못하는 것과 같다.

내적 침묵은 하느님 사랑이 뿌리내리는 완벽한 모판이다. 주님께서는 복음에서 하느님 사랑의 상징으로 겨자씨를 말씀하셨다. 이는 모든 씨앗 중에 가장 작지만 엄청난 성장 능력을 지니고 있다. 하느님의 사랑은 우리를 성장시키고 변화시키는 힘을 지니고 있다. 향심기도의 목적은 이러한 내적 변화 과정을 촉진하는 것이다.

대부분 사람들에게는 한두 음절의 단어를 사용해서 생각을 놓아 버리는 것이 어렵지 않다. 만일 시각적 영상이 더 도움이 된다면 그것을 사용하라. 다른 생각에 빠진 것을 알아차릴 때마다 조용히 거기로 돌아가기만 하면 된다. 시각적 상징은 명료하지도 않고 세밀하지도 않아야 한다. 어떤 사람들에게는 성체 앞에서 기도하는 것이 특별히 도움이 된다. 그들은 눈을 감은 채로 단지 그 현존을 인식할 뿐이다. 그들은 그 현존 속에서 기도드리는 것이다.

숨결에 주목하는 것도 자신 안의 하느님 현존과 활동에 동의한다는 거룩한 상징으로 작용할 수 있다. 이 경우에는 동방의 명상법처럼 날숨과 들숨을 따라가지는 않고, 단지 호흡을 주목할 뿐이다. 향심기도에서 그 목적은 단지 모든 생각을 놓아 버리는 것만이 아니라, 우리 안에 계시는 하느님과의 만남을 심화시키는 데 있다. 믿음의 지향이 그 바탕이다. 향심기도는 자신의 전 존재를 하느님께 승복하는 것이다. 이는 단지 특정한 자세나, 만트라나 만다라에 집중해서 얻을 수 있는 영적 본성의 체험이 아니다. 여기에는 하느님과의 인격적 관계가 전제로, 반드시 자기 승복의 과정이 있어야 한다.

만일 당신이 그리스도인으로서 마음을 가라앉히기 위해 신체적, 심리적 방법을 사용한다면 그것을 기도 차원에서 해 보라고 권하고 싶다. 예를 들어 생각을 평온하게 하려고 특정한 수련법을 사용하려고 한다면, 하느님께 더 가까이 다가가려는 동기를 가지고 하거나 또는 (향심기도의 본격적인 방법이 아닌) 향심기도에 들어가는 수단으로 사용해 보라. 향심기도가 이완을 가져올 수는 있지만 이완 훈련은 아니다. 그것은 친교의 차원에서 우리가 하느님과 인격적 관계를 맺는 훈련이다.

거룩한 단어는 실제로 어떻게 작용하는가?

입술에 올리는 단어는 외적인 것이고, 향심기도의 구성 요소는 아니다. 상상 속의 단어는 내적인 것이고, 우리의 지향을 표현한다. 마지막으로 하느님 현존에 대한 동의를 나타내는 단어는 더욱 더 내면적인 것이다. 이 단어를 지나 순수 의식 속으로 들어갈 때 내면화 과정이 완성된다. 바로 이것이 베타니아의 마리아가 예수님 발치에서 하고 있던 일이다. 마리아는 자신이 듣고 있던 말씀을 넘어서, 그 말씀을 하시는 그분께 다가가 그분과의 일치로 들어가고 있었다. 이것이 우리가 향심기도 중에 거룩한 단어를 내면화하면서 하는 일이다. 우리는 거룩한 단어를 넘어서 우리가 그분에 대해 생각해 낼 수 있는 모든 개념을 넘어선 하느님 현존, 즉 궁극적 신비와의 일치에 들어간다.

하느님께 가려는 열망, 우리 안에 계신 그분 현존에 대한 동의는 우리 의지에서 나오는 것이 아니라 하느님의 은총에서 나온다. 우리는 하느님을 찾기 위해 아무 데도 갈 필요가 없다. 그분께서는 이미 우리가 인지할 수 있는 모든 방법을 동원하여 우리를 그분과의 일치로 이끌고 계신다. 문제는 이미 우리 안에서 진행되고 있는 활동에 동의하느냐 여부다. 하느님 현존에 동의하는 것이 그분의 현존이다. 삼위일체께서는 사진이나 동상이 아니라, 역동적 현존으로서 우리의 가장 내밀한 존재에 거주하신다. 이 기도의 목적은 하느님께서 우리의 순수 존재 차원의 가장 깊은 중심에서 끊임없이 주도하시는 활동에 접촉하는 것이다.

　이 수련을 몇 달간 매일 계속해 보면, 당신에게 잘 맞는지 알 수 있을 것이다. 그 수련을 대체할 것은 없다. 이는 새 친구를 알게 되는 것과 같다. 만일 당신이 정기적으로 누군가와 만나서 대화를 나누면, 서로 상대방에 대해 더 빨리 알게 될 것이다. 그러한 이유로 매일 두 번씩, 되도록 아침에 한 번 그리고 저녁 이전에 한 번 기도하도록 권한다. 때때로 그 '대화'가 흥미롭고, 당신은 평화와 새로워진 느낌을 받을 것이다. 그렇지만 종종 관심도 없는 야구 경기의 득점 상황을 이야기하는 것 같을 수도 있다. 이때 당신은 상대방에게 혹은 그 사람의 관심사에 흥미를 느끼기 때문에 그 대화를 참아 낼 수 있다. 물론 당신의 장기적 목표가 우정을 일궈 나가는 것이라면, 그런 밋밋한 기도 시간도 별 문제가 안 된다. 본질적인 훈련은 매일 하루에 두 번 기도하는 것이다. 일정 때문에 그것이 불가능하면, 아침 기도 시간을 늘려라.

만일 기도 시간 내내 생각의 물결이 밀려오면 어떻게 하나?

　침잠하기 시작하면, 당신은 대개 머릿속이 안팎에서 밀려오는 생각들로 가득 차 있다는 것을 알아차리게 된다. 상상은 영속적 운동 기능이다. 그것은 항상 어떤 이미지를 만들어 낸다. 따라서 생각들이 계속해서 밀려올 것을 예상해야 한다. 중요한 것은 이러한 일이 일어나리라는 사실을 받아들이는 것이다. 어느 누구도 하느님만이 계시고 다른 생각은 전혀 없는 평화의 바다에 즉시 빠져들지는 않을 것이다. 자신을 있는 그대로, 그리고 하느님을 있는 그대로 받아들여야 한다. 또한 늘 편안하지는 않지만 가장 좋은 방식으로 하느님께서 당신을 인도하시리라는 점을 신뢰하여야 한다.

원치 않는 생각이 떠오를 경우, 당황하지 말고 그것들을 내버려 둬라. 여러 가지 생각이 떠오르리라고 각오하면, 생각이 떠오를 때 덜 당황할 것이다. 다른 한편으로 향심기도의 목표가 모든 생각에서 벗어나는 것이라고 여긴다면, 당신은 계속 실망할 것이다. 실망감은 감정이 실린 또 하나의 생각이다. 그것은 당신이 누렸을지도 모르는 어떠한 내적 침묵도 흩어 버리고 말 것이다.

거룩한 단어를 계속해서 되뇌어야 하는가?

생각이 저절로 지나가는 동안에는 거룩한 단어로 돌아갈 필요가 없다. 처음에는 그것을 계속 되풀이하면 마음속으로 받아들이는 데 도움이 된다. 그리하여 기도 시간 동안 필요할 때마다 그것을 다시 떠올리는 것이 더 쉬워진다.

기본 규칙은 의식의 강에 떠 있는 모든 생각이 지나가도록 내버려 두는 것이다. 그것들이 지나가기만 하면, 그것들에 대해 아무것도 할 필요가 없다. 그러나 떠가는 배 위에 무엇이 숨겨져 있는지 들여다보고 싶어지면, 거룩한 단어로 돌아가라. 아주 부드럽게, 애쓰지 않은 채로 그렇게 하라.

방금 말다툼을 했거나 좋지 않은 소식을 들었을 때에는 향심기도 준비 시간이 어느 정도 필요할 것이다. 성경을 읽거나 동네 한 바퀴를 걷거나 뛰기, 혹은 요가를 하면 감정의 동요를 가라앉히는 데 도움이 될 수 있다. 아침 일찍 기도해야 할 이유 중 하나는 그 시간에는 마음에 동요를 불러 일으키는 일이 아직 일어나지 않았을 터이기 때문이다.

기도 시간 동안에 거룩한 단어는 영영 사라지는가, 아니면 이따금 사라지는가?

내적 평화와 고요는 존재의 영적 차원에서 이루어지는 체험이다. 그러나 대개 지속적 상태는 아니다. 당신은 그런 상태에서 계속해서 튀어나오게 되고, 그러면 거룩한 단어로 돌아가야 한다.

거룩한 단어를 되뇌는 것보다는 그 지향이 중요하고 들었다. 단어를 반복하지 않으면서 어떻게 그 지향을 유지하는지 궁금하다. 나에게는 그 둘이 함께 가는 것 같다.

처음에는 계속해서 거룩한 단어나 상징으로 돌아가지 않고는, 지향을 유지하기 어렵다. 그렇다고 거룩한 단어를 계속 반복해야 한다는 것은 아니다. 그리스도교에도 단어나 문장을 반복하는 힌두 전통의 만트라 수련과 유사한 기도가 있다. 그러나 이것은 향심기도 방법이 아니다. 향심기도에서는 자신이 어떤 생각에 빠져 있다는 것을 알아차릴 때에만 거룩한 단어로 돌아간다.

이 기도에 더욱 익숙해지면, 단어 저편 내적 평화의 공간에 있는 당신을 발견하게 된다. 그러면 거룩한 단어 너머의 인식 차원이 존재한다는 것을 알게 된다. 그것을 경험하기 전에는, 다른 생각에 빠져 있다는 것을 알아차릴 때 지향을 재확인하기 위해 거룩한 단어로 계속 돌아가야 한다. 생각을 알아차리는 것이 반드시 생각에 빠져 있는 것은 아니다. 달리 말해 생각을 갖는 것이 문제가 되지는 않는다. 생각에 대해 생각하는 것이 문제며, 우리가 생각에 빠져 있다고 말할 때 의미하는 바가 바로 이것이다.

특정 단어는 어떤 감정적인 특성, 말하자면 어떤 분위기를 갖고 있는 것 같다. 이런 이유 때문에 거룩한 단어를 선택해야 하는 것인가?

거룩한 단어의 의미나 그 여운을 쫓아가면 안 된다. 당신 마음에 다른 연상을 불러일으키지 않는 단어 혹은 특별한 감정적 특성을 깊이 생각하게 만들지 않는 단어를 선택하는 것이 좋다. 거룩한 단어는 당신 지향의 표현으로, 하나의 몸짓일 뿐이다. 그 지향 이외에는 아무런 의미도 갖지 않는다. 당신은 그 지향의 단순한 표현으로서 단어를 선택해야 하며, 의미나 감정적 이끌림의 원천으로서 선택해서는 안 된다. 어떤 의미로는 당신이 의미 부여를 적게 하는 단어일수록 더 좋다. 그것은 하느님께 가는 길, 또는 내적 침묵으로 들어가게 하는 수단이 아니다. 오히려 그것은 내면의 하느님 현존에 대한 믿음의 활동을 촉진하는 분위기를 조성하는 것이다.

당신은 더 이상 거룩한 단어를 생각하지 않는 지점에 도달할 것이다. 기도하기 위하여 자리에 앉으면, 우리의 온 영혼이 하느님 안에 녹아들게 된다. 이 가장 깊은 차원에서는 내적 침묵이 거룩한 단어 역할을 한다. 예를 들어, 당신이 뉴욕에 가려면 출발지에서 승차권을 살 것이다. 그러나 뉴욕에 도착하면 또 승차권을 사려고 매표소에 가지 않는다. 이미 거기에 도착했기 때문이다.

어떠한 생각도 넘어서 뚜렷한 구별이 없고, 비구체적이며, 사랑 가득한 하느님 현존을 체험하면 거룩한 단어로 돌아가지 마라. 당신은 이미 목적지에 와 있다.

향심기도에서 우리 주의는 정확히 어디로 향하는가? 거룩한 단어인가? 그 단어의 의미인가? 그 단어의 소리인가? 아니면 하느님께서 현존하신다는 막연한 느낌으로 향하는가?

그 어떤 것에도 향하지 않는다. 향심기도 중에 우리는 거룩한 단어에 주의를 고정하려고 애쓰지 않는다. 우리는 그것을 계속 반복하지도 않고 그 의미에 대해 생각하지 않는다. 그 소리는 중요하지 않다. 거룩한 단어는 상징일 뿐이다. 그것은 하느님을 있는 그대로 받아들이겠다는 몸짓 혹은 표시다. 우리는 정확히 그것이 무엇인지, 혹은 누구인지 모른다. 하느님 현존의 감각을 불러일으키는 것은 우리 능력 밖의 일이다.

그렇다면 향심기도에서 우리의 주된 초점은 무엇일까? 그것은 신인적 존재이신 예수 그리스도와 우리의 관계, 그리고 그분을 통해 삼위일체와 우리의 관계를 깊게 하는 것이다.

나는 향심기도를 수련하는 사람들과의 토론에서, 그들이 어떤 형태의 침묵에 도달하자마자 더 이상 거룩한 단어를 되뇌지 않는다는 사실을 알게 되었다. 그들은 몇 분간 침묵을 지키다가 다른 생각이 떠오르면 거룩한 단어로 돌아간다. 그리고 다시 고요 속에 잠기고 거룩한 단어는 버린다. 그다음에 생각들이 떠오르면 다시 거룩한 단어로 돌아간다. 이렇게 단어를 버렸다가 다시 돌아가기를 반복하는 것을 어떻게 생각하는가?

그들은 향심기도를 어떻게 하는지 알고 있는 것 같다. 기도를 가르치는 어떤 교사들은 그들의 경험을 통해, 현대 서구인의 정신 활동이 너무 활발해서 적어도 기도 시작 무렵에는 그리스도교적 만트라를 계속해서 반복할 필요가 있다고 확신한다. 아주 활동적인 사람들은 주의 유지를 위해 그러한 집중법에서 분명 도움을 받을 수 있다.

하지만 향심기도는 주의 집중적 방법이 아니고 수용적 방법이다. 두 가지 방법은 다 우수하며 같은 목표를 갖고 있다. 그러나 두 방법이 같은 길을 따르지는 않으며 우리 영혼에 각각 다른 효과를 낸다. 향심기도에서 거룩한 단어를 사용하는 것은 수용적 태도를 기르기 위함이다. 종종 아무 단어 없이 하느님을 향한 의지의 내적 움직임으로도 충분한 경우가 있다. 자리에 앉아서 하느님 현존에 단순히 자신을 열어 놓고 거기 동의하자마자 내적 침묵으로 침잠할 수도 있다. 하느님께서는 이미 거기 계시지만, 당신은 다른 일 때문에 그것을 알아채지 못했을지도 모른다.

향심기도는 주의라기보다는 지향이다. 이 세상에는 하느님을 직접적으로 아는 방법이 순수한 믿음 말고는 없다. 이 믿음은 우리의 모든 기능에게는 '어둠'과도 같다. 이 어둠은 우리의 기능을 비우는 것이 아니라 그것들의 활동을 향상시키는 것으로 이해해야 한다. 십자가의 요한 성인에 따르면, 순수한 믿음이 하느님과의 일치를 위한 가장 정확한 방법이다.

향심기도는 시간이 지남에 따라 여러 가지 내적 체험 혹은 무체험으로 열릴 수 있다. 이 두 경우 모두 하느님을 있는 그대로, 활동하시는 그대로 받아들이는 훈련이다. 마침내 그러한 마음가짐이 확립되면, 그때에는 당신이 하느님에게서 어떠한 형태의 위안도 찾지 않을 것이기에 엄청난 자유를 얻을 것이다.

영적 위안은 감각적 위안만큼이나 우리를 산만하게 만들 수 있다. 하느님께서는 앞서 언급했던 정서적 문제를 치유하시기 위해 위안을 주신다. 사랑이 결핍된 사람에게는 더 많은 애정이 필요하다. 성령은 이 사실을 정신과 의사만큼 잘 아신다. 그러한 이유로 성령께서는 어떤 사람들에게 여러 가지 애정 표시와 많은 사랑으로 결핍된 부분을 보충해 주신다. 이것이 그 사람들이 다른 이보다 더 거룩하다거나 성령께서 그들을 더 사랑하신다는 뜻은 아니다. 그들에게 사랑이 더 필요하다는 뜻이다.

성령께서는 그들에게 필요한 것을 주신다. 언제나 그들이 일상의 심리적 인식 영역을 넘어서 실체적인 하느님과의 소통을 받아들일 수 있도록 그들을 강하게 만드시는 것이다.

떠도는 상상을 대하는 태도

가장 좋은
생각조차
놓아 버리기

향심기도 초기 단계의 큰 싸움은 생각들과의 싸움이다. 의식의 강을 따라 흘러내려 오는 여러 가지 생각과 그 유형들을 알아보고 각각의 생각을 구별하는 법을 배우는 것이 도움이 될 수 있다.

가장 쉽게 알아볼 수 있는 생각은 일반적으로 떠도는 상상이다. 상상은 영속적 활동 기능이며 끊임없이 작동한다. 아무런 생각을 갖지 않는 것을 목표로 삼는 것은 비현실적이다. 내적 침묵을 발전시킨다고 말할 때, 우리는 상대적 침묵에 대해 말하는 것이다. 내적 침묵이란 우선적으로 지나가는 생각들에 집착하지 않게 되는 상태를 뜻한다.

도심의 한 건물 7층에서 창문을 열어 둔 채 친구와 대화하고 있다고 가정해 보자. 거리에서 끊임없이 자동차 소음이 들려온다. 계속된 소음을 차단하기 위해 당신이 할 수 있는 일은 분명 아무것도 없다. 짜증을 내며 "왜 조용히 하지 않는 거야?"라고 하든지, 엘리베이터를 타고 내려가 "조용히 좀 하세요!"라고 소리치면 당신의 대화가 끝나는 것뿐이다. 대화를 계속하면서 그 소음을 참아 내면, 점차 그 소음에 주의를 주지 않는 능력을 기르게 될 것이다. 이런 식으로 하는 것이 떠도는 상상에 대한 최고의 해결책이다. 그 소음들이 내면 세계 현실의 일부로서 존재하리라는 것을 각오하라. 그 소음들을 전적으로 받아들이면, 그것들은 하찮아지기 시작할 것이다.

그런데 때때로 출퇴근 시간에는 소음이 더 심해지고 참을 수 없을 정도가 되기도 한다. 당신은 그것도 받아들여야 한다. 당신은 시종일관 종잡을 수 없이 날뛰는 상상으로 시달릴 것이다. 그것이 기도가 효과가 없었다거나 어느 정도의 내적 침묵이 아무 도움이 되지 않았다는 것을 의미하지는 않는다.

꾸준히 정진하다 보면 새로운 습관과 능력을 계발하게 되는데, 그중 하나가 의식의 두 가지 차원을 동시에 인식하는 능력이다. 당신 안팎으로 일어나는 소음을 인식하면서도, 무엇이라 규정짓기는 불가능하지만 실재하는 더 깊은 차원의 무언가에 당신 영이 사로잡혀 있다는 것을 인지하는 것이다.

향심기도 중에 외적 소음을 무시하는 능력은 꽤 빨리 체험할 수 있는 현상이다. 소음을 전적으로 받아들인다면, 그것이 당신을 괴롭히는 경우는 거의 없다. 당신이 소음과 싸우거나 그것이 없었으면 하고 바란다면, 특정 소음에 정신을 빼앗기게 될 것이다. 당장은 성공하지 못할 수도 있지만, 결국 당신은 주변에 소음이 일더라도 깊은 차원에서 제대로 된 침묵을 체험할 것이다.

　나는 뉴욕 3가 기찻길이 헐리기 얼마 전에 그 기찻길 위쪽에 사는 한 가정을 방문한 적이 있었다. 그들의 아파트에서는 철로가 내려다보였다. 때때로 기차가 큰 소리를 내며 지나가곤 했다. 나는 그 소음 때문에 도저히 정신을 차리지 못했다. 기차가 바로 거실을 지나가는 것 같았기 때문이다. 그런데 그 가족은 태평하게도 그것을 의식하지 못하는 것처럼 보였다. 그들은 대화하다가 기차가 오면 서로의 말을 도저히 알아들을 수 없었기 때문에 모두 대화를 바로 멈추곤 하였다. 그리고 기차가 지나가고 나면 아무 일도 없었다는 듯이 대화하던 내용을 바로 이어 나갔다. 그들은 자신들의 삶 속에 방음 장치를 설치해 놓았던 것이다. 그러나 소음에 익숙하지 않은 사람들에게는 소음이 대화의 중단뿐 아니라 대화의 종료를 의미했다.

　우리 머릿속에서 일어나는 소란에 대해서도 마찬가지이다. 때로는 그것이 너무 심해서 많은 사람이 참아내지 못한다. 그들은 이렇게 말한다. "내적 침묵과 관상이 나에겐 의미가 없어. 머릿속을 지나가는 이 지긋지긋한 생각들을 내가 왜 참아야 하지?" 그래서 자리에서 일어나 나가 버린다. 그들이 조금 더 버티면서 시간을 가지면, 곧 끝없는 내적 대화에 익숙해질 것이다.

　향심기도를 계속 수련하면 점차 대화 양이 줄어든다. 처음에는 생각이 끝없이 쏟아질 것이다. 향심기도나 다른 마음 평정법을 시작하기 전에는, 대부분 우리가 실제로 얼마나 많은 생각을 가지고 있는지 알아차리지 못한다. 그러나 우리가 마음을 가라앉히기 시작하면, 머릿속에 얼마나 터무니없는 생각들이 많이 들어차 있는지 깨닫게 된다. 어떤 사람들은 어찌나 많은 생각이 일어나는지를 알고 겁먹기도 한다. 그들은 차라리 일상에서 피상적인 생각들이 밀려드는 것은 견뎌 내겠다고 생각하게 된다.

우리는 기도에 가장 도움이 되는 환경을 만들어야 한다. 하루 중에 전화나 다른 예측 가능한 방해를 받지 않을 조용한 시간을 택하라. 그리고 홀로 기도하라고 말씀하시는 예수님의 충고를 받아들여야 한다. 집 안에 뛰어다니는 아이들이 있다면, 조용한 장소나 시간을 찾기 어려울 것이다. 어떤 사람에게는 욕실이 조용한 장소가 될 수 있다. 어쨌든 방해받을 가능성이 가장 적은 장소와 시간을 찾아야 한다. 잔디 깎는 기계나 비행기 엔진 소리 같은 것은 내적 침묵에 융화될 수 있지만, 시끄러운 이야기 소리처럼 지성과 상상을 끌어들이는 소음들은 다루기 힘들다.

요약하면 일상적으로 떠도는 상상들에 대한 가장 좋은 반응은 그것들을 무시하는 것이다. 귀찮다거나 불안한 느낌이 아니라, 수용적 태도와 평화로운 느낌으로 무시한다.

하느님에 대한 모든 응답은 그것이 어떤 것이든, 그 순간 실제 있는 그대로의 현실을 온전히 받아들임으로써 시작해야 한다. 떠도는 상상이 일어나는 것은 우리 본성이기 때문에 당신이 아무리 고요히 있기를 원한다 해도, 반드시 생각이 일어나기 마련이라는 사실을 받아들여야 한다. 머리를 백지상태로 만들려고 노력하는 것이 해결책은 아니다. 내적 침묵이란 그런 게 아니다.

  우리는 기도 시간 내내 내적 침묵에 들락날락한다. 우리의 내적 주의는 바람이 잔잔한 날 천천히 땅에 내려앉는 풍선과 같다. 풍선이 땅에 닿으려 할 즈음, 어디선가 미풍이 불어오고 풍선은 다시 떠오르기 시작한다. 이와 비슷하게 향심기도 중에는 가장 기분 좋은 침묵으로 막 들어갈 것 같은 감질나는 순간이 있다. 이때가 바로 원치 않는 생각이 찾아드는 순간이다.

  침묵에 들어가지 못하게 되었다고 해서 슬퍼하지 않고 그 생각을 받아들이려면 큰 인내가 필요하다. 그저 다시 시작하라. 이와 같이 인내와 평정과 수용으로 부단히 다시 시작함으로써 우리는 전 인생을 받아들이도록 훈련된다. 그것은 우리가 행동하도록 준비시킨다. 무슨 일이 일어나든지, 우리가 그에 대해 어떻게 대처해야 할지 결정하기 전에 우리가 그것을 받아들이는 것이 기본이다. 우리는 반사적으로 현실을 바꾸고 싶어 하거나 적어도 그것을 통제하고 싶어 한다.

  향심기도 중에 의식의 강을 따라 내려오는 두 번째 종류의 생각은 상상이 떠돌아다니는 과정에서, 당신이 어떤 특정한 생각에 흥미를 갖게 되고 당신의 주의가 그 방향으로 움직인다는 것을 알아챌 때 일어난다. 당신은 감정적으로 거기 개입된다는 느낌을 받을 수도 있다.

  감정이 실린 어떠한 생각이나 이미지는 그것이 외부에서 오든 상상에서 오든, 신체 특히 욕구 기관에 자동적인 반응을 일으킨다. 그 이미지가 유쾌한지 혹은 불쾌한지에 따라, 당신은 자동적으로 그것에 호감이나 반감을 갖게 된다. 만일 특정 생각에 대한 호기심이나 애착심이 있다는 것을 알아차리면, 거룩한 단어로 돌아가는 것이 적합한 반응이다. 이는 하느님께 동의하고 승복한다는 원래 지향을 한 번 더 천명하는 것이다.

앞서 말했듯이 배, 잡물, 수상 스키를 타는 사람들이 강 위를 떠다니는 것처럼, 우리 의식은 피상적 생각이나 체험들이 떠다니는 큰 강과 같다. 강 자체는 하느님께서 우리에게 부여하신 것으로 그분 자신의 존재에 참여하는 것이다. 여기에는 다른 모든 기능들이 정박해 있다. 그러나 우리는 강 위에 떠다니는 것에 열중하기 때문에 대개 강 자체를 인식하지 못한다.

향심기도 중에 우리는 강 위에 떠 있는 것들에서 강 자체로, 즉 우리 모든 기능을 지탱하고 그 기능들의 원천이 되는 것에 우리 의식을 전환하기 시작한다. 이 비유에서 강은 아무런 특성도 지니지 않는다. 그것은 하느님 존재에 대한 참여이기 때문에 영적인 것이며 한계가 없다.

당신이 어떤 배에 관심을 가지고 그 안에 뭐가 실렸는지 궁금해서 화물칸을 들여다보고 있다고 치자. 당신은 애초의 지향에서 벗어나고 있다. 이때 당신의 인식을 강 위에 떠 있는 것에서 강 자체로, 구체적인 것에서 구체적이지 않은 것으로, 유형에서 무형으로, 그리고 영상에서 무상으로 계속 되돌려야 한다. 거룩한 단어로 돌아가는 것은 하느님의 내적 현존에 순수한 믿음으로 동의한다는 지향을 갱신하는 방법이다.

도심 건물 7층에서 친구와 대화하는 장면으로 돌아가 보자. 출퇴근 시간에 경적 소리가 나기 시작한다. 무슨 일인지 궁금해서 창밖을 내다보면, 당신의 주의는 친구와의 대화에서 멀어진다. 예의상 당신은 다시 대화에 주의를 돌려야 한다. 그래서 친구에게 시선을 돌리면서 "미안." 혹은 "아까 말했듯이."라고 말한다. 즉 당신의 대화를 재확인하기 위한 단순한 몸짓이 필요하다. 이것은 소음과 싸우거나 그것을 중지시키는 문제가 아니라, 원래의 대화로 돌아가는 문제다.

이와 비슷하게 향심기도 중에 무슨 다른 생각을 하고 있음을 알아차리면, 그저 당신 존재를 하느님께 되돌려 당신 지향의 표시인 거룩한 단어로 돌아가라.

거룩한 단어가 마치 정신을 비우기 위한 주문, 혹은 의식에 그 단어를 심기 위한 주문이기라도 한 것처럼 그것을 반복하는 것은 결코 아니다. 거룩한 단어로 돌아감으로써 당신은 하느님 대전에 있고 그분과 일치하려는 선택을 재확인하는 것이다. 이는 노력이 아닌 승복을 요구한다. 그러므로 거룩한 단어로 돌아갈 때는 격분하거나 절망하지 않으면서 돌아가라. 과잉 반응은 비생산적이다. 불도저로 잔디를 깎는 사람은 없다. 파리를 쫓기 위해서는 손만 흔들면 된다. 향심기도에서는 인내심을 가지고 부드럽고 강하게 당신의 동의를 새롭게 만드는 것으로 충분하다.

하느님께서는 온갖 방법을 동원하여, 즉 우리의 생각이나 기능을 통해서 우리에게 말씀하신다. 그러나 하느님의 첫째 언어는 침묵임을 명심하라. 향심기도에서는 당신 자신을 침묵하도록 준비시켜야 한다. 만약 다른 일이 발생한다면, 그것은 하느님의 문제이지 당신 문제가 아니다. 그것을 당신 문제로 삼자마자, 당신은 하느님이 아닌 다른 무언가를 바라게 된다. 다른 어떤 것보다 순수한 믿음이 당신을 하느님께 더 가까이 인도할 것이다. 하느님 체험에 집착하는 것은 하느님이 아니다. 그것은 생각이다. 향심기도 시간은 모든 생각을, 심지어 가장 좋은 생각조차도 놓아 버리는 시간이다. 그것들이 정말 좋은 생각이라면 나중에 다시 생각날 것이다.

오늘 오후에 몹시 힘들고 피곤했다. 기도 시간이 끔찍했다.
당신은 기도하면서 종종 좋은 때와 나쁜 때가 교차하는 것을 알게 될 것이다. 그런 식의 분류를 버리도록 하라.

"이 모든 게 무슨 의미가 있는가? 일어나서 나가자."라고 생각한 적이 있었다. 물론 그렇게 하지는 않았다.
잘했다. 그것은 또 하나의 생각이었을 뿐이다. 아무리 생각이 당신을 괴롭힌다 해도, 당신이 해야 할 일은 그것들이 지나가도록 내버려 두는 것이다. 그것과 싸우면 또 다른 생각들을 불러일으키게 된다.

내가 씨름하던 문제를 분명히 하고 싶다. 과거에 나는 중심으로 향하기 위해 굳은 결의를 가지고 노력하였다. 그때 나는 조용히 부드럽게 중심을 향하는 대신, 주의를 집중하기 위해 밀어붙인다는 느낌을 가졌다.
당신은 이 기도를 의지력으로 할 수 없다. 더 많은 노력을 기울일수록 기도는 더 안 될 것이다. 자신이 열심히 노력하고 있다는 생각이 들면, 긴장을 풀고 놓아 버려라. 거룩한 단어를 부드럽게, 아주 부드럽게, 마치 솜 위에 깃털 하나를 내려놓듯이 불러들여라.

물론 생각이 야구공처럼 날아들면, 자신을 보호할 방도를 찾게 된다. 그러나 생각을 장외로 쳐 내는 것이 자신을 보호하는 방법은 아니다. 솔직하게 "나는 이 생각들에 얽어터지고 있다."라고 시인하고 그것들을 참아 내면서 그저 기다리기만 하면, 그것들이 모두 지나갈 것임을 떠올려라. 폭력에 폭력으로 맞서지 마라. 이 기도는 전적으로 비폭력적이다.

기도를 너무 열심히 노력하면 이마나 목 뒤쪽이 조이는 증세가 나타날 수도 있다. 통증이 있다는 사실을 받아들여라. 통증이 있으면 통증 속에서 쉬어라. 통증은 다른 모든 생각을 흩어 버리는 방법이 된다. 그것은 정신을 한 곳으로 모아 주는데, 그것이 거룩한 단어의 목적이기도 하다. 통증이 가라앉으면, 당신은 다시 거룩한 단어가 필요할지도 모른다.

첫 번째 기도 내내 아래층에서 상담 수업을 하고 있었는데, 내가 수업 내용을 알아들을 만큼 소리가 컸다. 나는 그 소음을 이겨내려고 거룩한 단어를 외치고 싶은 기분이 들었다.

당신이 할 수 있는 일은 그다지 많지 않다. 그저 거룩한 단어로 돌아가되, 언제나 상황을 있는 그대로 받아들이도록 하라. 당신이 할 수 있는 일이라고는 소음을 참아 내는 일밖에 없을 때도 있다. 당신이 더 깊은 차원에서는 새롭게 되고 있지만, 그것을 맛볼 수 없을 뿐이라고 생각하라.

먼 훗날 기도가 30분, 어쩌면 한 시간 이상을 넘어가게 되면 등에 불편을 느낄지도 모른다. 이렇게 되면 "이제 기도를 끝낼 때구나." 할 것인가, 아니면 그대로 계속 기도해야 할 것인가.

기도는 보통 등이 아프기 전에 끝내야 한다. 사람들은 대체로 자기의 평소 기도 시간이 끝나는 때를 감지한다. 어떤 사람들에게는 20분 후에 이런 느낌이 온다. 어떤 사람들에게는 30분 후 혹은 더 오랜 시간 후에 오기도 한다.

기도가 끝났음을 감지하지 못한 채 1시간 이상 계속하지는 않으리라고 생각한다. 그러나 당신이 거기에 매력을 느끼고 그것을 지탱할 수 있는 은총을 받기만 하면 자유롭게 그런 것을 계발해도 된다.

기도 시간을 연장하는 또 하나의 방법은 평소 기도 시간을 두 번으로 나누어서 설정하되 그 중간에 5분에서 10분간 방 둘레를 천천히 걸으며, 묵상적 걷기를 하는 것이다. 이렇게 하면 오랫동안 한 자세로 앉아 있을 때 생기는 불편을 없애는 데 도움이 될 것이다.

그러나 시간의 길이가 기도의 가치를 나타내지는 않는다. 중요한 것은 기도의 질이지, 기도의 양이 아니다. 내적 침묵에 끊임없이 들락날락하는 긴 기도 시간보다 하느님과 일치하는 한순간이 더 귀중하다. 하느님께서 당신을 풍요롭게 하시는 데는 한순간이면 족하다. 그런 의미에서 기다리는 시간은 일치의 순간을 위한 준비 과정이다. 일치가 한순간 동안만 일어날 수도 있다. 그러나 하느님께 몰입하는 순간 없이 한두 시간을 보낸 사람보다 당신이 더 풍요로워질 수 있다. 각자 자신의 기도가 대략 언제쯤 끝나는지를 실험과 수련을 통해 어림잡아야 한다. 기도가 잘 된다는 이유만으로 오래 하는 것이 언제나 좋은 것은 아니다.

내가 기도에 더 깊이 들어가는 것 같을 때, 나는 놀라서 거기서 빠져나오고 만다. 거기서 마냥 머물게 될까 봐 걱정이 된다. 이 두려움이 심리적인 것인지, 신체적인 것인지, 아니면 영적인 것인지 모르겠다.

이것은 누구나 다 겪는 경험이다. 거의 자신을 망각하게 되었을 때, 하느님에 대한 이끌림이 약하거나 확신이 들지 않으면 우리는 두려움을 느낄 수 있다. 우리의 상상력은 미지의 세계를 두렵다고 생각하게 만든다. 그러나 그것을 무시하고 어쨌든 물속에 뛰어들면, 그 물이 달콤하다는 사실을 알게 될 것이다.

나는 바야흐로 아름다운 체험을 막 하려 했지만, 두려움이 생겨서 그만두었다. 내가 왜 거기서 빠져나왔는지를 모르겠다.

그러한 체험이 일어나는 동안 그 체험에 대해 절대로 성찰하지 않도록 하라. 그냥 내버려 두라.

이 기도를 너무 자주 해서 비활동적으로 변할 수도 있는가?

무슨 일이든 지나치게 할 수 있는데, 향심기도 역시 하루 5~6시간 이상 길게 할 수도 있다. 하루 서너 시간 기도한다고 해서 보통은 부작용이 나타나지 않는다. 여러 달에 걸쳐 점차 기도 시간을 늘리면 기도를 오래

하는 것이 실제로 많은 사람에게 유익할 수 있다.

기도를 올바르게만 한다면 비활동적인 사람이 되기보다는, 오히려 활력이 증가한 것을 알게 된다. 당신을 지치게 하던 많은 정서적 고착에서 해방되고 있기 때문이다. 하지만 평소대로 20~30분씩 두 번 기도하는 것으로도 그런 치유 과정은 일어난다.

때로 내가 체험하는 것이라고는 괴로운 느낌과 끝없는 비판, 불평뿐인데 무슨 근거로 이 기도가 매우 실제적이고 효과적일 수 있다고 말하는가?

당신의 표면적 기능이 의식의 강을 타고 떠내려오는 많은 배나 잡물을 인식한다고 해서, 이것이 당신의 다른 기능들, 즉 지성과 의지가 하느님 안에 침잠해 있지 않았을 수도 있다는 뜻은 아니다. 당신은 원치 않는 생각들이 지나가는 것을 고통스럽게 인식하면서 그것들이 없어졌으면 하고 바랄 수도 있다. 그와 동시에 참을성 있게 거룩한 단어로 돌아가면, 내면에 있는 무언가가 전혀 파악할 수 없지만 정교하고, 섬세한 어떤 신비로운 현존에 빠져든다는 것을 깨달을 수도 있다. 그 이유는 내가 앞서 말한 것처럼 우리의 영혼이 확장된 인식, 즉 표면적 차원과 아주 깊은 차원이라는 실재의 두 가지 차원을 동시에 인식하는 것을 발달시키고 있기 때문이다.

표면적 생각에 사로잡혀 있거나 그런 생각을 지니고 있다는 이유로 마음이 동요된다면, 당신은 더 깊은 차원을 경험하지 못할 것이다. 또 어떤 때는 아무리 더 깊은 차원에 열려 있다 해도, 상상과 기억의 소음 때문에 그 깊은 차원을 경험하지 못할 것이다.

때때로 향심기도 중에 시간이 빨리 지나가는 이유가 무엇인가?

기도 중에 시간이 빨리 지나간다면, 이는 아마 당신이 느끼는 것보다 훨씬 더 기도에 깊이 몰입했다는 표시다. 우리의 상상 안에 지나다니는 무언가가 없으면 시간관념이 없어진다. 지나가는 대상이 없으면 무시간성을 체험하게 된다. 당신의 의식은 살아 있지만, 시간에 대해서는 의식하지 못하는 것이다.

시간은 자기 자신을 투영한다. 아무 생각이 없을 때, 우리는 시간에서 자유로워진다. 이것은 육신이 영에서 벗어날 때 별다른 변화가 일어나지 않으리라는 사실을 통찰하게 해 준다. 깊은 기도 중에는 육신에 대해 생각하지 않는다. 죽음을 미리 생각하는 것이 그다지 무섭지는 않을 것이다. 이는 영이 육신에서 분리되는 것이 어떠할지 미리 맛보았고, 그것이 기분 좋은 경험이었기 때문이다.

기도 중에 때때로 나는 매우 즐겁고 행복한 기분이 든다.

하느님께서는 기도를 너무 심각하게 받아들이지 말라고 말씀하시려는 것 같다. 그분에게는 유희적인 면이 있다. 하느님께서 피조물들에게 장난을 걸고 싶어 한다는 사실을 깨닫기 위해서는 펭귄이나 다른 동물을 보면 된다.

하느님의 익살은 실재의 심오한 부분이다. 이 사실은 우리가 자신을 너무 심각하게 대하지 말아야 한다는 것과, 하느님께서는 유머 감각을 가지고 우리를 창조하셨음을 깨닫게 해 준다.

나의 수호천사와 악마는 내가 향심기도를 하는 중에 일어나는 일을 알고 있는가?

당신이 그들에게 말하지 않는 한 알지 못한다. 관상 기도가 충분히 깊어지면 천사나 악마는 당신이 관상 중에 하는 일을 알 수 없다. 그들은 당신의 상상과 기억 속에 있는 것만 알 수 있으며, 이 기능에 내용을 덧붙일 수 있다. 그러나 당신이 깊은 내적 침묵 속에 있을 때 거기서 일어나는 일은 하느님의 기밀 사항이다. 영혼의 깊은 곳에서 일어나는 일은 그분만이 아신다.

어떤 이들은 마음을 고요하게 하면 자신을 악의 세력에게 열어 두는 것이라고 생각한다. 그러나 십자가의 요한 성인에 따르면 당신이 생각과 느낌을 넘어서 하느님 현존에 몰입할 때보다 더 안전한 경우는 결코 없다. 왜냐하면 거기서는 마귀들이 당신을 건드리지 못하기 때문이다. 내적 침묵에서 빠져나왔을 때만 마귀들이 유혹으로 괴롭힐 수 있다. 그러한 이유로 유혹을 다루는 가장 좋은 방법은 향심기도 중에 가졌던 것과 같은 태도를 취하는 것이다. 이것이 바로 다윗이 시편에서 "저의 피난처, 저의 힘, 저의 바위, 저의 요새, 저의 성탑, 저의 성채!"라고 하느님에 대해 노래할 때 의미한 것이다. 우리가 향심기도를 함으로써 미지의 위험에 노출되는 것을 두려워할 필요는 없다. 그 차원에서는 그 차원보다 더 깊으신 하느님 이외에 아무도 우리와 함께할 수 없다. 하느님은 우리 안에 계시며 우리는 매 순간 그분의 창조적 사랑에서 나온다.

오늘 기도하는 중에 어떤 생각이 계속 떠올랐다. 기도가 끝난 후에도 다시 그 생각이 들었다. 그것은 이기적인 생각이었다. 나는 그 생각을 성당으로 가져가서 주님 앞에서 기도드렸다. 그것을 그분께 선물로 드리고 나니 기분이 매우 좋아졌다. 나는 그 생각이 마치 나를 방해하는 가시처럼 느껴져서 그것을 뽑아 버린 것이다. 기도 중에 주님께 이러한 문제를 바치는 것이 이점이 있는가?

당신이 이끌리는 대로 하라. 우리는 아주 자유로이, 특히 의혹과 문제를 가지고 하느님께 나아가야 한다.

향심기도를 처음 시작한 시절에는, 내가 잘하고 있다고 여겨지지 않으면 소리 기도를 하지 않는 것이 매우 어렵게 느껴졌다. 그러나 이제는 성령께서 들어오시어 내 존재의 가장 깊은 곳에서 기도하실 방을 마련하기만 하면 된다는 점을 이해한다. 이것이 내가 생각을 내보내는 데 도움이 되었다. 이제 나는 말로 기도할 필요가 없고 그저 긴장을 풀고 그분이 오시어 기도하시도록 해야 함을 안다.

기도란 하느님을 변화시키려고 하는 것이 아니라 우리를 변화시키려고 하는 것이다. 우리가 더 빨리 그렇게 될수록 기도는 더 나아질 것이다. 일단 우리가 하느님께 관심을 갖고 그분을 찾기 시작했다면, 기도 중에 침묵하며 그분께서 그 과정을 완성하시도록 하는 것이 가장 좋다. 그것이 바로 복되신 동정 마리아가 지니는 큰 의미가 아니겠는가? 성모님은 도무지 하느님을 잊을 수 없었다. 성모님의 존재가 바로 기도였고 그분의 모든 활동이 기도였다. 성모님은 하느님 말씀을 이 세상에 모셔 왔다. 아니 자신을 통하여 말씀이 이 세상에 오시게 하였다.

그리스도를 이 세상에 사시도록 하는 것은 우리가 무엇을 하느냐가 아니라 우리가 누구인가에 있다. 하느님 현존이 우리 가장 깊은 존재에서 우리의 기능으로 떠오를 때, 우리가 길을 걸어가든 밥을 먹든지 간에, 신적 생명과 사랑이 세상 속으로 쏟아지는 것이다.

모든 활동의 유효성은 그것이 나오는 원천에 달려 있다. 그것이 어두운 그림자와 함께 거짓 자아에서 나오는 것이라면 활동의 효과는 매우 제한된다. 반면 하느님 안에 잠겨 있는 사람에게서 나오는 것이라면 아주 효과가 크다. 성모님의 성소처럼 관상 생활은 그리스도를 세상에 모셔 온다.

유혹이나, 곤경, 어려움에 처했을 때 향심기도를 이용하는 것에 대해 확실히 알고 싶다. 평화를 가져오기 위해 기도를 이용한다는 생각이 받아들이기 어렵다. 그것은 이기적인 동기가 아닌가?

향심기도로 들어가라고 권할 때 내가 마음에 두고 있던 원칙은 생각과 느낌이 유혹에 걸려들었을 때, 향심기도를 할 때와 똑같은 놓아 버리기를 행함으로써 생각과 느낌을 진정시키는 것이었다. 유혹도 의식의 강을 따라 내려오는 다른 생각과 똑같이 취급할 수 있다. 그것이 지나가도록 내버려 두는 것만으로도 충분한 저항이 된다. 당신이 그렇게 할 수 없다면, 다른 형태의 저항 방법을 훈련해야 할 것이다.

일상생활에서 '놓아 버리기'라는 태도가 확실하고도 실제적인 기도 준비 방법이 되는가? 그리하여 기도 중에 생각을 놓아 버리는 것이 더 쉬워질 수 있는가?

하루 동안의 활동과 기도 사이, 기도와 하루 동안의 활동 사이에는 상호 작용이 있다. 그것들은 서로를 상호 지탱한다.

무슨 일 때문에 마음이 동요되었을 때 어떻게 깊은 침묵과 평화 속에서 기도할 수 있는가?

이런 상황에서는 완충 지대가 없으면 고요히 기도하기를 바랄 수 없다. 동네 한 바퀴를 돌든지 운동을 하든지 혹은 적당한 독서를 해야 할지도 모른다. 그렇지 않으면 자리에 앉아 고요히 있으려 애를 써도, 의식의 강가가 아니라 나이아가라 폭포 아래 앉아 있다는 생각이 들 것이다.

기도를 시작하기 전에 먼저 마음을 가라앉혀야 한다. 더욱이 어떤 시험은 너무 가혹해서 당신이 마음을 가라앉히기 위해 무슨 수단을 써도 내적 침묵으로 들어갈 수 없을 수 있다. 그러나 평소 기도 시간을 할애한다면 당신이 그 문제와 감정적인 폭풍을 받아들이는 데 도움이 될 것이다.

처음에는 왜 기도 시간을 30분으로 제한하는가?

그보다 길면 기도를 시작하거나 계속할 용기가 꺾일 수 있다. 매일 같은 시각에 같은 시간 동안 기도하는 것은 그만한 가치가 있다. 이렇게 하면 안정적인 침묵의 저장고를 갖게 될 것이다. 일정한 시간을 두고 하루에 두 번 향심기도를 하면 침묵의 저장고가 하루 전체에 최대한으로 영향을 미칠 수 있다.

활동을 더 많이 할수록, 기도 시간도 더 많이 필요하다. 지나친 활동은 영적인 고갈을 가져온다. 그것은 신비한 마력을 지니고 있기도 하다. 예를 들어 러닝 머신이나 회전목마처럼 거기에서 내려오기가 어렵다. 그러므로 규칙적인 기도는 실제로 훈련이 된다.

기도하기 위해 하던 일을 중단하기가 어려울 수 있다. 긴급한 자선 활동이 요구될 때는 다른 문제지만, 기도 시간이 다른 어떤 활동보다 중요하다는 확신을 가져야만 한다. 그렇게 하면 해야 할 일이 제대로 이루어지고 더 빨리 완수되는 것을 보고 놀랄 것이다. 그때 당신은 활동의 상대적인 가치와 먼저 해야 할 일, 아예 하지 말아야 할 일이 무엇인지 알 수 있게 될 것이다.

왜 기도를 하루에 한 번 길게 하지 않고 두 번으로 나눠서 하는가?

하루에 두 번 기도하는 것은 당신을 침묵의 저장고에 더 가까이 있게 해 준다. 그 저장고에서 너무 멀어지면, 모든 사람이 물탱크에서 필요한 물을 빼 가고 난 다음에 송수관 물이 바닥난 것과 같다. 당신은 수도꼭지를 틀어도 겨우 몇 방울밖에 받지 못한다. 그런 일이 일어나지 않게 하려면 수압을 높게 유지해야 한다. 마침내 지하수가 터져 나올 때까지 물탱크를 계속 채워 놓아라. 그러면 물은 언제나 흘러나올 것이다.

향심기도는 활동을 위한 준비다. 특히 성령의 영감에서 나오는 활동을 위한 준비인데, 이는 우리 자신의 흥분과 욕망과 집착을 가라앉힌다. 이와 같은 침묵은 하느님께서 최대로 활동하시게 해 드린다.

기도 중에 일어나는 일에 대해 성찰하는 것이 좋은가, 아니면 그것들을 내버려 두는 것이 더 좋은가?

향심기도 중에는 일어나고 있는 일에 대해 성찰하는 것이 적절하지 않다. 이 기도 중에는 판단을 완전히 중단해야 한다. 기도가 끝난 다음, 체험에 대해 성찰하는 것이 도움이 될 수 있다. 당신은 경험을 쌓아 가면서 기도를 삶의 다른 부분에 융화시켜야 한다. 이렇게 하려면 어느 정도 개념화 작업이 필요하다.

그렇지만 기도에서 유익을 얻기 위해서 기도를 분석할 필요는 없다. 일어나는 일에 대해 너무 자세히 살피지 않는 것이 오히려 좋다. 기도에서 좋은 열매를 얻게 되면 그것을 자연스럽게 알아차리게 된다. 실제로 다른 사람들이 "당신은 이전처럼 그리 흥분하지 않는 것 같다."라고 말할 것이다. 이전에 보이지 않던 부드러움이 당신에게서 발견될 수 있다. 당신도 그것을 감지할 수 있다. 이전에는 화가 나면 남을 때려 주고 싶었지만, 이제는 가벼운 질책 정도로 만족할 수 있을 것이다.

향심기도는 자신의 감정에 대해 완전히 다른 태도를 취하게 해 준다. 자신의 감정을 다른 시각에서 보게 하기 때문이다. 극단적인 감정은 대부분 불안감에서, 특히 위협받는다고 느낄 때 생긴다. 그렇지만 깊은 침묵 중에 하느님 현존을 끊임없이 확인하면, 다른 사람에게 반대를 받거나 이용당하는 것을 두려워하지 않게 된다. 당신은 자기 비하감이나 복수심에 시달리지 않으면서 모욕과 수치에서 무언가를 배울 만큼 겸손해질 수 있다.

우리 사회의 치열한 경쟁 분위기는 사람들이 어린 시절에 낮은 자아상을 형성하게 만들고, 이로 인해 우리 문화에는 사람들이 자신에 대해 부정적 감정을 갖는 현상이 만연한 것 같다. 경쟁에서 이기지 못하는 사람은 누구나 자신이 이 문화 안에서 쓸모없는 사람이라고 느낀다. 그렇지만 깊은 기도의 평정 속에서 당신은 새 사람, 아니 당신 자신이 된다.

기도가 위안을 준다는 이유로, 향심기도를 몇 시간 동안 계속하면 어떻게 되는가?

무엇이든지 지나치면 반드시 부작용이 생긴다. 지나친 슬픔과 마찬가지로 지나친 기쁨도 우리를 지치게 만든다. 이 기도의 목적은 더 기도하고 더 침묵하려는 것이 아니라, 기도와 침묵을 활동에 통합시키려는 것이다.

영적 위안은 만족감이 너무 커서 덫이 될 수 있다. 그러한 이유로 향심기도 시간을 일정하게 제한하여, 영적으로 탐닉하지 않고 상식적으로 적절한 시간 동안에만 기도하는 것이다. 내적 침묵에 가까이 다가가는 것은 귀중한 선물이다. 이것은 비할 데 없이 아름다워서 우리가 갖는 미美에 대한 개념을 바꾸어 놓는다.

이러한 경험을 자주 갖게 되면, 대립과 반대에 대처할 힘이 길러진다. 내적 침묵은 가장 힘이 되는 인간의 경험 중 하나이다. 사실상 하느님 현존과 사랑의 체험보다 우리에게 더 확신을 주는 경험은 없다. 그러한 계시는 다른 어느 것도 할 수 없는 말을 우리에게 한다. "너는 좋은 사람이다. 내가 너를 창조했고 나는 너를 사랑한다." 하느님의 사랑은 우리가 이 말씀의 가장 긍정적인 의미를 누리도록 해 준다. 이는 우리가 자신에게 갖는 부정적인 느낌을 치유한다.

기도 중에 숨이 멈출 것 같아 염려스럽다. 나는 신체 리듬을 따라갈 때 가장 안심이 된다. 나는 거기에 마음이 쓰이지만, 그것을 너무 오래 내버려 두고 싶지는 않다.

당신의 호흡량이 적어질 수도 있겠지만, 산소가 필요하면 자동적으로 호흡하게 되어 있다. 신체는 자체 식별력이 있어 호흡이 너무 얕아지면 즉시 깊은 숨을 쉬게 된다. 그런 일이 잠을 자면서 일어나기도 하고, 기도 중에도 일어날 것이다.

사고와 호흡 사이에는 상관관계가 있다. 호흡이 얕아지면 생각도 줄어든다. 그러나 생각하기 시작하면 곧바로 호흡도 증가한다.

단식하면 묵상이 더 잘된다는 말을 들었다. 아마 이것은 자신을 훈련하는 것과 관련된 문제인 것 같다.

단식 능력은 사람마다 다르다. 배가 부를 때는 향심기도를 하지 말라고 권유하고 싶다. 이 기도는 신진대사를 줄어들게 하는 경향이 있다. 그 결과 소화 등의 신체 대사 작용이 느려진다.

어떤 사람들은 단식을 해서 향심기도가 더 잘 될 수도 있다. 어떤 사람에게는 반대 효과를 낼 수도 있다. 배가 너무 고파서 기도 시간 내내 온통 거기에만 신경을 쓴다면 단식은 역효과를 낸다.

향심기도 중에 따라야 할 원칙은 몸을 잊어버리려 노력하는 것이다. 극단성이 아니라 삶의 단순성이 이러한 수련에는 더 적합하다.

정신적 지지를 위해 여럿이 향심기도를 함께하는 것이 더 나은가? 아니면 혼자 하는 것이 더 나은가?

공동체와 함께 기도할 때 정신적, 심리적 지원을 받게 된다. 이 때문에 매주 한 번씩 정기적으로 모이는 지원 모임이 도움이 된다. 다른 한편으로 다른 사람에게 자신을 맞출 필요가 없기 때문에 혼자 하기를 선호하는 사람도 있다. 두 가지 모두 가치가 있다.

내가 아무것도 생각하고 있지 않다고 느낄 때, 나는 나의 호흡에 대해 생각하는 것 같다.

그것을 다루는 가장 좋은 방법은 그것을 받아들이고 마음 쓰지 않는 것이다. 이것은 마치 교회를 향해 걸어가고 있을 때 누군가 당신 곁에서 걷기 시작하는 것과 같다. 그냥 그대로 걸어가면서 그 불청객은 신경 쓰지 마라. 그러면 목적지에 이르게 될 것이다. 일어나는 모든 일에 "예." 하고 말하라. 그렇게 하면 강박적 영상이 지나갈 가능성이 더 커진다. 불쾌감이나 쾌감으로 반응하는 것은 특정 생각을 더욱 강화한다.

의식의 강을 따라 떠내려오는 모든 생각은 시간이 해결해 준다. 그것들은 움직이는 것들이고 지나가기 마련이다. 그냥 기다리면서 그것들에 대해 아무것도 하지 않으면, 모두 지나갈 것이다. 그러나 무언가 하려고 하거나 그것들에서 도망치려 애쓴다면 거기 붙들려서 같이 떠내려가게 된다. 그렇게 되면 다시 시작해야 할 것이다.

오는 생각은 오게 두고, 가는 생각은 가게 두라. 불쾌감을 지니지 말며, 아무런 기대도 하지 마라. 이는 아주 미묘한 자기 부정이지만, 주의를 자신에게 고정시키는 육체적 금욕보다 더 가치 있는 것이다. 도망가지 않고 하느님을 기다리며, 평소대로 기도하고, 상상 속에서 일어나는 것들을 참아 내는 것이 참된 신심을 얻는 데 가장 효과적인 수련이다. 이것을 잘 지키면 완전한 마음의 변화에 이르게 될 것이다.

주위에 무언가를 의식하는 때가 있는 것 같다. 거룩한 단어를 떠올렸지만, 그것을 되뇔 수 없게 된다. 이러한 상태는 평소 의식이 깨어 있는 상태와 같지는 않지만, 다소 의식이 있기 때문에 잠자는 상태라고 할 수도 없다.

우리가 깨우치려는 의식이 바로 그러한 것이다. 이를 영적 주의력이라고 부를 수 있다. 이러한 깊은 주의는 외적 요인을 의식하지만, 이 외적 요인은 아무것도 각인시키지 않는다. 우리가 신비로운 내면의 주의에 사로잡혀 있기 때문이다.

그것은 마치 사랑하는 사람과 대화하는 것과 같다. 당신은 특별한 어떤 것을 말하지 않을 수 있지만, 온통 그 사람에게 사로잡혀 있다. 식당에서 그와 함께 식사할 때 종업원들이 오갈 테지만, 재미있는 대화에 빠져 있다면 그들이 뭘 하는지 모를 것이다. 종업원이 계산서를 놓고 가더라도, 당신은 이제 식사가 끝났다는 사실이나 아니면 모든 사람이 식당에서 떠나야 할 시간이라는 것도 알아채지 못할 수 있다.

향심기도는 말로 하는 대화가 아니라 마음을 주고받는 것이다. 향심기도는 다른 형태의 기도들보다 더 친밀한 차원의 소통이며 다른 형태의 기도들을 이 기도로 통합하는 경향이 있다.

나는 하느님에 대한 어떤 저항과 씨름하고 있었다. 나는 자연스럽게 일어나는 것 같은 이 저항을 어렴풋이 인식하였다. 이 기도 시간을 자기 자신이나 하느님과 씨름하는 시간으로 이용하는 것이 적절한가?

우리가 내적으로 고요해지면, 일상적 생각의 흐름 뒤에 숨어 있는 어떤 갈등이 뚜렷하게 드러나기 시작한다. 이럴 때 나는 보통 그것들과 씨름하지 않고 그것들이 지나가도록 내버려 두곤 했다. 이것들은 기도가 끝난 다음에 성찰한다. 향심기도의 가치는 하느님과의 관계에 온전히 잠기는 일에 있다. 다시 말해 내적 침묵의 함양이 가장 중요하다. 깊은 평화의 시간을 누린 결과, 심리적인 문제들이 뚜렷해지고 통찰이 생겨날 수 있다.

그러나 일반적으로 이러한 통찰은 당신이 무언가 생각하게 만드는 하나의 속임수다. '침묵이 아닌 어떠한 것도' 이런 종류의 기도에 대한 거짓 자아의 반응이다. 내적 침묵은 거짓 자아의 모든 성향에 완전히 상반된다. 그러한 이유로 당신은 거짓 자아를 잠시 조용히 있도록 유인해야 한다. 그렇지만 당신이 즉시 처리해야 할 것 같은 갈등에 대해 특별한 성찰이 일어날 때도 있다. 이 경우에는 자유롭게 예외로 하라. 그러나 이러한 일이 자주 생기면 잘못하고 있는 것일지도 모른다.

오늘 평소와 달리, 생각들에 신경 쓰지는 않으면서 그것들이 오가게 내버려 두는 경험을 했다. 나는 아직도 거룩한 단어를 사용하는 것과 현존 안에 머무는 것 사이에 균형을 잡으려고 애쓰고 있다. 아무것도 하지 않으면서 단순한 현존의 짧은 순간을 경험한 적이 몇 번 있다. 그때 나는 자신에게 '지금 거룩한 단어를 사용해야 하는가?' 하고 묻곤 했다.

깊은 내적 침묵에 잠겨 있을 때, 생각은 당신에게 호수의 깊은 물속에 있는 물고기에게 어른거리는 맛난 미끼 같은 역할을 한다. 이것을 물면 당신은 낚여서 물 밖으로 나갈 것이다. 그러니 어떠한 기대도 하지 않도록 노력하라. 물론 쉬운 일은 아니다. 이것은 모든 생각을 지나가도록 내버려 두는 습관의 결과로 얻을 수 있는 것이다.

결국 당신은 흘러내려 오는 것들에 개의치 않게 되는데, 어쨌든 즐거운 것이든 고통스러운 것이든 지나가고 말기 때문이다. 여기에 향심기도 수련이 삶의 고통스러운 사건들을 더 다루기 쉽게 만들어 줄 것이라는 점을 덧붙이고 싶다. 당신이 그 고통스러운 사건들 역시 오가게 내버려 둘 수 있을 것이기 때문이다. 향심기도는 생각과 욕망과 단어, 그리고 결국 자기 자신을 놓아 버리는 훈련이다.

영적 주의력의 탄생

하느님 현존이 우리 안에 자리 잡음

　　　　　　　의지의 주된 역할은 노력이 아니라 동의다. 향심 기도 중에 일어나는 어려움을 극복하는 비법은 그것들을 받아들이는 것이다. 의지는 효력effectivity이라기보다는 영향력affectivity이다. 의지의 힘으로 무언가를 성취하고자 하면 거짓 자아를 강화시킨다. 그렇다고 적절한 노력을 기울이지 않아도 된다는 뜻은 아니다. 처음에는 의지가 이기적인 습관에 길들여져 있기에 우리는 그 습관에서 빠져나오도록 노력해야 한다. 하지만 우리가 내적 자유의 사다리를 타고 올라갈수록, 의지의 활동은 점차 동의의 활동으로 바뀐다. 말하자면 하느님의 오심과 은총의 선물에 동의하는 것이다. 하느님께서 더 많이 활동하시고 우리가 더 적게 활동할수록, 기도는 더 좋아진다.

　처음에는 우리가 거룩한 단어를 계속 반복해야 한다고 의식한다. 그러한 활동을 표현하는 더 좋은 방법은 우리가 거룩한 단어로 돌아간다고 말하거나, 우리 의식 속에 거룩한 단어를 부드럽게 놓는다고 말하는 것이다. 거룩한 단어는 의지의 섬세한 움직임을 상징한다. 우리는 하느님 현존에 계속해서 동의한다. 그분은 이미 현존하시기 때문에, 그분을 잡기 위해 손을 뻗을 필요가 없다.

거룩한 단어는 하느님 현존에 동의한다는 상징이다. 결국 의지는 상징의 도움 없이 저절로 동의하게 된다. 기도에서 의지가 하는 일은 주로 받아들이는 일이다. 받아들이는 일은 가장 어려운 활동 중의 하나다. 그리고 향심기도에서 하는 주된 일은 하느님을 받아들이는 것이다.

향심기도는 하느님께 360도로 우리를 열어 드리는, 즉 완전히 마음을 여는 방법이다. 하느님께 자신을 승복하는 것은 더욱 발전된 동의다. 변화는 전적으로 하느님께서 하시는 일이다. 변화가 일어나도록 우리가 할 수 있는 일은 아무것도 없다. 우리는 변화가 일어나는 것을 막을 수 있을 뿐이다.

이 기도가 습관화되면, 신비스럽고 분간할 수 없으면서도 평화로운 현존이 우리 안에 자리 잡게 된다. 어떤 사람은 하느님께서 그들 안에 살고 계심을 느낀다고 말한다. 언제나 거기 있는 평온한 현존은 그들이 마음을 차분히 가라앉힐 때 그들의 기도 방법이 된다.

우리는 처음에 기대감과 선입견을 지닌 거짓 자아를 기도 속에 데려온다. 이것이 우리가 이 기도를 가르치면서 노력이라는 말에 대해 이야기하지 않는 이유다. 미국의 직업 윤리에서는 '노력'이라는 말을 '애쓴다'는 말로 해석한다. 애쓴다는 것은 보통 무언가를 얻기 위해 힘쓴다는 뜻을 내포한다. 그것은 향심기도의 성장에 필요한 수용성의 기본적 태도를 희석해 버린다.

수용성, 받아들이는 일은 활동이 없다는 것이 아니다. 이는 실제 활동이기는 하지만 일상적 의미의 노력은 아니다. 만일 그것을 노력이라고 부르고 싶다면, 다른 종류의 노력과는 완전히 다르다는 점을 염두에 두자. 그것은 단지 절대 신비를 기다리는 태도다. 당신은 그것이 무엇인지 모르지만, 믿음이 정화됨에 따라 그것을 알고 싶어 하지도 않게 된다. 물론 어떤 의미에서는 죽도록 알고 싶어 한다. 하지만 인간의 기능으로는 도무지 알 수 없다는 것을 깨닫게 된다. 따라서 무언가를 기대하는 일은 소용없다. 당신은 무얼 기다리는지 알지 못하고 알 수도 없다.

이 기도는 미지의 세계로 들어가는 여정이다. 이는 모든 구조, 심리적 안전장치, 심지어 자아의 버팀대로 작용하는 영신 수련마저 벗어나 예수님을 따르라는 부르심이다. 그것들이 거짓 자아 체계의 일부이거나 그 영향 아래에 있는 한, 이러한 것들은 뒤에 남겨 둔다.

겸손은 자기를 잊는 것이다. 자기를 잊는 것은 세상에서 가장 어려운 일이지만, 노력으로 되는 것은 아니다. 오직 하느님만이 우리의 거짓 자아를 끝장내 주신다. 거짓 자아는 착각이다. 그것은 우리가 누구이며 세상이 무엇인지 인지하는 방식이다. 예수님께서는 "나 때문에 제 목숨을 잃는 사람은 목숨을 얻을 것이다."(마태 10,39)라고 말씀하셨다. 그분은 이렇게도 말씀하셨다.

"누구든지 내 뒤를 따라오려면, 자신(즉, 거짓 자아)을 버리고 제 십자가를 지고 나를 따라야 한다."(마태 16,24)

예수님께서는 어디로 가고 계시는가? 그분은 하느님이자 사람이신 당신 자신마저 희생되는 십자가를 향해 가고 계신다.

그리스도인들에게 그리스도와의 인격적 일치는 하느님과의 일치에 이르는 길이다. 하느님의 사랑이 나머지 여정을 보살펴 주실 것이다. 그리스도교의 영적 수련은 먼저 거짓 자아를 와해시키는 데 목표를 둔다. 그것은 하느님께서 우리에게 성실성의 증거로서 요구하시는 일 같다. 그리하여 그분께서는 우리의 정화를 떠맡으시고, 뿌리 깊은 이기심을 분명히 보여 주시면서, 우리가 그것을 포기하도록 초대하실 것이다. 우리가 동의하기만 하면, 그분은 그것을 없애 주시고 **성령의 열매***와 **은사***를 통해 그분의 마음과 정신으로 대체해 주신다.

인간 발달의 어떤 단계에는 위기의 순간이 있다. 예를 들어 초기 청소년기와 청년기 직전 시기가 그렇다. 이와 마찬가지로 영적 발달에서도 우리가 더 높은 의식 단계로 부름받을 때마다 위기가 온다. 우리는 위기가 시작되면 거짓 자아에 필사적으로 매달린다. 이 성장 과정에 저항하면 더 낮은 단계로 퇴행할 수도 있다. 성공이냐 실패냐, 성장이냐 퇴행이냐 하는 선택의 기로에 서 있는 것이다. 만약 퇴행하면 우리는 거짓 자아를 강화시키게 된다. 그러면 하느님께서 우리에게 새로운 도전의 기회를 주실 때까지 기다려야 한다. 다행히도 그분은 우리를 위한 계획을 갖고 계시며, 결코 포기하지 않으신다. 복음서에서 예수님이 사도들을 훈련시키던 방식에서 그 유형을 볼 수 있다. 그분은 우리를 비슷한 방식으로 다루신다.

복음서에 등장하는 가나안 여인은 십자가의 요한 성인이 감각의 밤이라 일컫는 위기를 겪는 사람의 예다. 여기서 위기란 감각과 이성에 대한 의존에서 성령께 대한 순명으로 옮겨가는 움직임을 시작하는 것이다. 이 여인은 다른 많은 사람이 그랬듯이 예수님께 다가가 자기 딸을 고쳐 달라고 청했다. 이 여인은 문제가 생기리라고 예상하지 않았다. 여인이 무릎을 꿇고 간청했지만, 예수님은 대답하시지 않았다. 땅에 엎드려 절했지만, 여전히 냉대를 받았다. 예수님께 그토록 혹독한 취급을 받은 사람은 아무도 없었다. 그녀가 땅에 엎드려 있을 때, 예수님은 "자녀들의 빵을 집어 강아지들에게 던져 주는 것은 좋지 않다."(마태 15,26)라고 말씀하셨다. 그 의미는 분명하다. 그러나 그녀는 "주님, 그렇습니다. 그러나 강아지들도 주인의 상에서 떨어지는 부스러기는 먹습니다."(마태 15,27)라고 놀라운 대답을 했다. 예수님은 몹시 감동하셨다. 그분의 이상한 행동은 그녀를 가장 높은 차원의 믿음으로 끌어올리기 위함이었다. 대화 말미에 그분은 다음과 같이 말씀하셨다.

"네 믿음이 참으로 크구나. 네가 바라는 대로 될 것이다."(마태 15,28)

우리도 그 위치까지 이르기 위해서는 퇴짜, 무응답, 그리고 명백한 거절을 체험할지도 모른다.

  어떤 사람들은 하느님께서 자신의 기도에 결코 대답하지 않으신다고 불평한다. 왜 하느님께서 대답하셔야 하는가? 그분은 우리 기도에 대답하지 않으심으로써, 우리의 가장 큰 기도에 응답하고 계신다. 그것은 변화되는 것이다.

  때때로 나는 아무런 생각을 하지 않는다. 오로지 자기 인식만이 있다. 내가 그것을 내버려 둬야 할지, 그것을 인식하는 채로 있어야 할지 모르겠다.

  아주 중요한 질문이다. 아무런 생각이 없다는 것을 인식하면, 사실 무언가를 인식하고 있는 것이며 그것은 생각이다. 그 시점에 아무런 생각도 없다는 그 인식을 잊어버릴 수 있다면, 당신은 순수 의식으로 옮겨갈 것이다. 그러한 상태에서는 자기의식도 없다. 당신의 일상적 기능이 한데 되돌아오면, 평화로운 쾌감을 느낄 수 있고, 그것은 잠들지 않았다는 좋은 표시다.

  우리가 가는 곳이 하나라는 것을 깨닫는 것이 중요하다. 그곳에서는 인식하는 자와 인식하는 행위와 인식 대상이 모두 하나가 된다. 인식만이 남는다. 이것이 바로 하느님과의 일치다. 거기서는 자기 성찰도 없다. 그 체험은 일시적이지만, 그것은 당신을 관상 상태로 인도한다. 하느님과 일치되어 있다고 '느끼는' 한, 그것은 온전한 일치일 리 없다. 생각이 있는 한, 그것은 온전한 일치가 아니다. 온전한 일치의 순간에는 아무런 생각도 없다. 당신이 거기서 빠져나올 때까지는 그것에 대해 알지 못한다. 처음에는 그것이 너무 막연해서 잠들어 있었다고 생각할 수도 있다. 그것은 자기 성찰의 차원에서 일어나는 주님과의 일치감과는 다르다. 영적 차원의 일치는 하느님 사랑과 지식이 함께 들어오는 것이며, 그것이 진행되는 동안은 성찰하지 않는다.

우리 안에는 우리가 자신을 인식하지 않고 있다는 사실을 인식하고 싶어 하는 무언가가 있다. 자기를 기꺼이 놓아 버리고 싶어 하면서도, 계속해서 모든 생각을 놓아 버리는 방법이 아니라면 우리가 그것을 이루기 위해 달리 할 수 있는 방법이 없다. 우리가 자신에 대해 성찰하면, 다시 개념의 세계 속으로 들어가게 된다.

향심기도는 놓아 버리는 훈련이다. 그것은 모든 생각을 제쳐 두는 것이다. 단 한 번이라도 하느님 사랑과 접촉하게 되면, 당신은 세상의 모든 쾌락을 집어 쓰레기통에 던져 버릴 수 있게 된다. 영적 소통에 대해 성찰하는 것은 오히려 영적 소통을 감소시킨다. 《금강경 *Diamond Sutra*》은 다음과 같이 말하고 있다.

"어떤 것에도 집착하지 않는 마음을 계발하도록 하라"[1]

이는 환시, 탈혼, 말씀, 영적 소통, 영적 능력 등을 포함한다.

영적 위안에 대해 성찰하지 않는다는 것은 상당히 어려운데, 그것들을 별로 체험해 본 적이 없다면 더욱 그러하다. 그런데 당신이 내적 침묵에 다가갔다가 여러 번 퇴짜를 맞으면, 붙잡으려 하는 방법은 효과가 없

---

1 응무소주이생기심應無所住而生其心: 마땅히 머무르는 바 없이 그 마음을 낼지어다. ─ 역자 주

다는 사실을 받아들이게 된다. 낙담하거나 죄책감에 빠지지 마라. 실패는 하느님에 대한 끝없는 신뢰로 가는 길이다. 수많은 기회가 있다는 점을 항상 기억하라. 하느님께서는 우리의 기회 목록에서 어느 것도 지워 버리지 않으신다. 그분은 가능한 모든 각도에서 우리에게 계속 접근하신다. 경우에 따라 그분께서는 우리가 있기를 바라시는 곳으로 밀어 넣기도 하시고, 우리를 슬며시 건드려 보기도 하시며, 우리를 당기기도 하시고 꾀어내기도 하신다.

결국 당신은 어느 정도의 내적 침묵에 익숙해질 것이다. 향심기도 초기 단계에서 누렸을 기분 좋은 평화가 이제는 평상적 상태가 된다. 인생의 다른 모든 것과 마찬가지로, 당신은 향심기도에 익숙해지고 당신이 받는 위대한 선물에 주의를 기울이지 않을 수도 있다. 평상적으로 기도를 시작하면서 마음을 가라앉히고 조용한 지점으로 들어가며, 이제는 오직 그것만이 존재한다(더 이상 아무것도 존재하지 않는다). 그러나 이 말이 당신 의지가 하느님과 일치를 이루고 있지 않다는 뜻은 아니다. 많은 생각이 지나가더라도 당신이 그것들에 끌리지 않으면, 당신은 깊은 기도 중에 있다고 믿어도 된다.

향심기도는 기도 시간 이외의 나머지 삶과 어떤 관계가 있는가?

기도 중에 확립된 일치는 나머지 삶과 통합되어야 한다. 하느님의 현존은 인생 전체에서 일종의 네 번째 차원이 되어야 한다. 우리의 3차원 세계는 가장 중요한 차원, 즉 존재하는 모든 것이 매 순간 나오고 되돌아가는 그 차원이 빠졌기 때문에 참된 세계가 아니다. 이는 무성 영화에 소리를 덧붙이는 것과 같다. 화면은 똑같지만, 소리를 입히면 그것을 더 생생하게 만들어 준다. 관상 상태는 향심기도가 한 차례 혹은 여러 차례의 체험에서 지속적인 의식 상태로 옮겨갈 때 확립된다. 관상 상태는 우리가 휴식과 활동을 동시에 할 수 있게 해 주는데, 이는 우리가 휴식과 활동의 공동 원천에 뿌리를 내리고 있기 때문이다.

어떤 사람들은 하느님과의 일치를 잠시 체험했다가, 그것을 얼마 동안 잃어버리고는 다시 되돌아가기도 한다. 하느님께서는 우리를 영성 생활의 어떤 지점에서도 출발시키실 수 있다. 당신이 다른 사람보다 먼저 출발했다면, 다시 출발선으로 되돌아가야 한다. 어떤 사람이 5~6세에 환시를 보았다고 해서 그가 운이 좋다고 생각하지 마라. 이 사람들 역시 어린 시절의 정서 프로그램을 무너뜨리기 위한 투쟁을 계속해 나가야 한다. 이 프로그램은 하느님께서 일시적으로 잠재우신 것일 따름이다. 그러나 그런 사람들이 가진 큰 장점은 자기 삶에서 빠진 것이 무엇인지, 그리고 하느님 이외에 그 어떤 것도 그들을 만족시키지 못한다는 것을 체험으로 안다는 것이다. 그렇다고 그들의 길을 부러워하거나 우러러보는 것은 잘못이다. 우리는 하느님과의 일치에 도달하기 위해 필요한 모든 것을 다 가지고 있다고 믿어야 한다. 어떠한 기대도 방해가 되는 이유는 그것이 일종의 집착이고, 지배 욕구에서 나오는 것이기 때문이다.

감각과 영적 위안을 둘 다 놓아 버려라. 하느님의 사랑이 당신 안에 흘러들어 오는 것을 느낄 때, 그것은 일종의 일치인데 이는 당신이 인식하는 일치다. 그러므로 그것은 온전한 일치가 아니다. 영적 위안은 너무도 좋아서 인간 본성은 그것이 다시 오기를 갈망한다. 우리는 가만히 앉아 있으려 하지 않고 그것이 없다고 억지를 부린다. 그리고 온 힘을 다해 그것을 붙잡으려고 애쓰면서 소리친다. "내가 여기에 어떻게 도달했는지 기억할 수만 있다면!"

당신이 그러한 열망으로 움직이는 한, 여전히 하느님을 지배하려고 애쓰는 것이다. 하늘이 열리고 예수님께서 성부 오른편에 앉아 계신 것을 본다 할지라도, 그것을 잊어버리고 거룩한 단어로 돌아가라. 영적 소통은 당신이 그것을 성찰할 기회를 갖기도 전에 그 목적을 순간적으로 성취한다. 당신이 그 영적 선물에 대해 다시는 생각지 않더라도 그 선물이 주는 유익을 온전히 다 받은 것이다. 영적 선물을 놓아 버리는 것이 그것을 받아들이는 최고의 방법이다. 초연해질수록 더 많이 받아들일 수 있다. 혹은 더 잘 받아들일 수 있게 된다. 우리가 체험할 수 있는 가장 감미로운 것을 놓아 버리기 위해서는 많은 용기가 필요하다.

기도할 때 위로와 황폐함, 내적 침묵과 생각의 폭발, 하느님 현존과 하느님 부재의 현상이 왜 교대로 일어나는가?

하느님과의 관계에서 일어나는 교대 현상은 우리가 사랑하는 사람의 현존 혹은 부재와 다르지 않다. 아가서에서 하느님은 연인에게 하듯이 영혼을 쫓아다니는 것으로 묘사된다. 교부들은 다음 구절을 좋아했다.

"그이의 왼팔은 내 머리 밑에 있고 그이의 오른팔은 나를 껴안는답니다."
(아가 2,6)

   그들의 해석에 따르면 하느님께서는 우리를 양팔로 안으신다. 왼팔로는 우리를 낮추시고 잘못을 고쳐 주신다. 오른팔로는 우리를 들어 올리시고 그분께 사랑받는다는 확신을 갖도록 위로해 주신다. 주님께 온전히 안기기를 바란다면 당신은 두 팔을 모두 받아들여야 한다. 정화를 위해 고통을 허락하는 팔과 일치의 기쁨을 가져오는 팔을 다 받아들여야 하는 것이다. 육체적 고통을 느끼거나 심리적 투쟁에 휘말려 있으면, 하느님께서 당신을 특별히 꽉 껴안고 있다고 생각하라. 시련은 타오르는 사랑의 표현이지, 거부의 표현이 아니다.
   하느님 부재로 인한 괴로움은 종종 하느님과의 일치 체험으로 보상된다. 그리스도와의 일치에 대한 갈망이 클수록, 그분께서 달아나는 것처럼 보일 때 더 고통스럽다. 하느님의 사랑이든 인간적인 사랑이든, 사랑은 당신을 약하게 만든다. 진정한 연인은 포옹을 위해서가 아니라 그들 자신을 위해 사랑받고 싶어 한다. 하느님과의 관계에서도 마찬가지다. 그분은 당신 자신을 위해, 부재와 현존 체험에 상관없이 사랑받기를 원하신다. 우리의 심리적 체험과는 상관없이, 성령께서는 부재와 현존이 교차하는 체험을 통해 우리가 하느님을 있는 그대로 사랑하도록 가르치신다. 이런 자유는 영적 여정을 안정시킨다.
   거룩한 사랑의 관점에서 고통은 기쁨일 수 있다. 그것은 사랑하는 이를 위해 자신을 완전히 희생하는 방법이다. 그것은 여전히 고통이기는 하지만, 일상적인 고통과는 다른 속성을 가지고 있다. 거룩한 사랑이 그러한 속성의 원천이다. 그것은 그 사랑을 완전히 표현하는 길을 고통 속에서 찾는다. 다른 방법으로는 불가능할 것이다. 십자가에 못 박히신 예수님은 우리 각자에 대한 크신 사랑을 하느님이 표현하시는 방법이다.

명상을 향한 내적 이끌림이 낮 동안 일상생활에서도 우리를 사로잡을 수 있는가?

그렇다. 여유가 있다면 그 이끌림을 따를 수 있을 것이다. 그러나 정도가 지나칠 수도 있다. 기도의 즐거움이 기도의 목표는 아니다. 영적 위안은 우리의 기능을 부드럽게 만들어 그것들이 입은 다양한 상처를 치료한다. 그것은 당신이 오로지 선과 악, 정의와 불의, 보상과 처벌이라는 기준으로 하느님을 대할 때와는 완전히 다른 신관神觀을 제공한다.

하느님과 친밀해지면 형식적인 기도 시간을 과도하게 늘려서는 안 된다. 수행해야 할 의무가 있을 때는 당분간 내적 침묵에 대한 열망을 희생해야 한다. 하지만 긴급한 일이 없으면 시간이 날 때 5분에서 10분 동안 내적 침묵으로 들어가지 않을 이유는 없다.

수도회, 특별히 봉쇄 수도원에서 관상 기도는 어떻게 받아들여지는가?

관상 수도회에서는 관상 생활의 개별적 표현을 존중해 줘야 한다. 하느님은 사람의 영적 발전 과정에서 어떤 시기에는 더욱 강도 높은 공동체

생활로 부르시고, 또 어떤 시기에는 더 큰 고독으로 부르신다. 당신이 둘 중 하나만 가능한 공동체에 속한다면, 그 상황은 관상의 성소를 충만히 표현하기 어려울 것이다. 아주 좋은 수도원이라고 하더라도 한계를 지닌다. 때때로 하느님께서는 우리를 큰 완덕으로 인도하시기 위해 제한적 상황을 이용하신다. 그러나 지금 시대에는 개인적 필요에 대한 일반적인 깨달음으로 말미암아, 공동체들은 관상가들조차 욕구가 있다는 것을 기억하고, 지원과 공감의 분위기에서 그들에게 필요한 것을 잘 제공해 줘야 한다. 관상가들이 지니는 가장 큰 고통 중에는 하느님에게서가 아니라, 타인에게서 오는 것들이 있다.

감각과 신체 속으로 흘러들어 오는 영적 위안은 관상 기도의 성장 단계 중 하나다. 어떤 사람들은 기질에 따라 영적 위안에 영향을 많이 받지만, 어떤 사람들은 그것을 전혀 체험하지 않는다. 이것이 강하게 일어나면, 몸이 근육 하나 움직이지 못하고 시간 가는 줄도 모른다. 향심기도를 하다 보면 그것이 어떤 느낌인지 넌지시 알게 되기도 한다. 기도 시간이 빨리 지나가는 것처럼 느껴질 때, 기도에 조금만 더 깊이 들어가도 전혀 시간 가는 줄 모를 거라는 사실을 알 수 있다. 누군가 다가와서 당신을 건드리면 당신은 소스라칠 것이다.

만일 공동체가 그러한 현상을 위험한 일, 악마에게서 온 것, 아니면 겸손한 수도자에게는 잘 일어나지 않는 일로 여기면 그 공동체는 영성 생활의 진보에 좋지 않은 환경이다. 안타깝게도 그러한 태도가 수도 생활에서 300년 동안 일반적이었는데, 이는 반관상적 분위기가 우세했기 때문이었다. 잘못된 **신비주의***에 대한 공포가, 예수의 데레사 성녀와 십자가의 요한 성인의 저작마저 의심의 눈초리로 바라보고 종교 재판소 같은 극단으로 몰고 갔다. 이제 십자가의 요한 성인은 로마 가톨릭 교회가 낳은 가장 위대한 신비가 중 한 명으로 인정받고 있다. 그런 그마저 종교 재판소의 의심을 피할 수 없었다면, 신학자나 영적 지도가가 아니라 자신들의 체험을 설명할 능력이 없었던 평범한 수도자들은 어떻게 되었겠는가?

관상가들은 왜 자주 가족과 공동체의 오해를 받는가?

관상 기도의 은총을 받는 것과 그것을 다른 사람에게 전달하는 것은 별개의 문제다. 그 둘이 반드시 함께 가지는 않는다. 때로는 실제로 관상 체험을 하는 사람이 그 체험을 표현할 때 공동체 내 보수적인 사람은 당황하기도 한다. 그런 사람들은 단지 서툴게 표현하고 있을 뿐인데 이단의 딱지가 붙을 수도 있다.

신비적 언어는 신학적 언어가 아니다. 그것은 침실의 언어, 열정적 사랑의 언어, 따라서 과장의 언어다. 남편이 아내를 숭배한다고 말할 때 그녀를 여신으로 여긴다는 말이 아니다. 그는 단지 과장법이 아니라면 표현할 수 없는 언어로 사랑의 느낌을 표현하려고 애쓰는 것일 뿐이다.

성령 쇄신 운동은 어떻게 이러한 관상 기도법과 어울릴 수 있는가?

성령 쇄신 운동의 큰 공헌은 현대 그리스도인들 사이에 성령, 우리에게 끊임없는 영감으로 힘을 주시고, 위로를 주시며, 인도하시는 분의 역동적 활동에 대한 믿음을 다시 일깨우는 것이다. 그 운동 덕분에 바오로 서간과 사도행전에 묘사된 초대 그리스도교 공동체의 자발성이 오늘날에 재발견되었다. 초대 그리스도교 신자들은 부활하신 그리스도 주위에 모여 하느님 말씀을 듣고, 전례를 거행하고, 그리스도로 변화되기 위해 공동체를 형성했다. 이런 모임들 안에서 성령의 현존이 은사를 통해 확연히 드러났다. 신령한 언어의 은사는 개별 신자들을 격려하기 위해서 주어진 것으로 여겨졌고, 따라서 공적 전례 안에서 그것을 사용하는 것은 제한되었다. 신령한 언어를 해석하는 은사, 예언의 은사, 치유의 은사, 가르침의 은사, 지도하는 은사, 그리고 또 다른 은사들이 여러 지역 공동체의 영적, 물질적 필요를 충족시켜 주었다. 그리스도교 관상 전통의 성장에서 드러나는 성령의 계속된 활동이 성령 쇄신으로 되살아난 성경 모델에 통합되어야 한다.

나는 성령 쇄신 운동에 깊이 참여해서 깊은 영적 체험을 하고도, 그것이 무엇인지를 몰랐던 사람을 알고 있다. 그의 본당 신부도 마찬가지였다. 이 사람은 봉쇄 수도원에서 관상 수도 생활을 하는 한 수녀를 만나서 이런 말을 들었다. "걱정하지 마십시오. 그것들은 원래 그런 것입니다." 그 수녀는 그에게 적절한 신비 서적을 알려 주고 계속해서 그에게 가르침을 주었다.

성령 쇄신 운동에 참여하는 사람에게는 그 사람이 운 좋게도 받을 수 있었던 것, 즉 그리스도교 관상 전통을 아는 사람의 도움과 가르침이 필요하다. 성령 쇄신 운동은 지원 공동체와 개인적 기도 체험을 위해 오늘날 그리스도인들이 필요로 하는 것을 다룬다. 이른바 '성령 세례'라고 하는 것은 아마 그 모임의 열정 혹은 우리가 모르는 다른 요인에서 비롯된 일시적인 신비적 은총일 것이다. 신령한 언어의 은사는 비개념적 기도의 초보적 형태다. 당신이 무엇을 말하는지 모르기 때문에, 당신이 말하는 내용을 생각할 수가 없다.

몇 년간 하느님 찬미 노래를 부르고, 함께 기도하고, 신령한 언어로 말하고, 예언한 다음에 당신은 어디로 가는가? 갈 데가 한 곳 있다. 모임 속에 침묵의 시간을 도입할 때일 것이다. 이제는 구성원들이 관상적 형태의 기도로 옮겨갈 준비가 완전히 되었기 때문이다. 그 모임에 침묵이 도입되면, 그 운동은 더 많은 사람을 받아들일 수 있을 것이다. 모임의 구성원은 출신과 신학적 배경이 모두 다르지만, 그들 모두 영적 가르침을 포함한 도움을 필요로 한다.

어떤 성령 운동가들은 우리가 생각하지 않으면 악마가 우리 대신 생각하기 시작한다고 믿기 때문에 향심기도를 반대한다. 그러나 사실상 내적 침묵 중에 기도하고 있다면, 악마는 당신 근처에 얼씬도 못 한다. 추리적 묵상을 할 때 악마가 당신 상상에 무언가를 제안하는 기회가 더 많다. 악마가 참견하여 일을 휘저어 놓는 것은 당신이 내적 침묵에서 빠져나와 감각과 추리의 세계로 다시 들어갈 때다. 성령 쇄신 운동은 엄청난 잠재력이 있다. 그러나 성령 쇄신 운동의 잠재성을 실현하기 위해서는, 그것이 그리스도교 관상 전통에 열려 있어야 한다.

침묵이 깊어질 때 떠오르는 생각

하느님을
기다리는 마음에
방해가 되는 것들

향심기도를 수련하기 시작할 때 의식의 강을 따라 떠내려오는 첫 번째 종류의 생각은 떠도는 상상이다(본문 67페이지 '가장 좋은 생각조차 놓아 버리기' 참조). 이 생각은 기도 시간 이전에 하던 일이나 생각하던 일들로 이루어질 수 있다. 혹은 외부 소음, 생생한 기억, 또는 미래에 대한 계획이 우리 주의를 끌 수 있다.

앞에서 사용했던 비유에 의하면 이러한 생각들은 의식의 강을 따라 떠다니는 배들과 같다. 이에 대한 보통의 습관적인 반응은 "이게 뭐지? 배 안에 뭐가 있을까?"라고 생각하는 것이다. 그러나 거룩한 단어로 살며시 돌아가, 그 생각에서 거룩한 단어가 재확인하는 하느님을 향한 그저 단순한 사랑으로 나아가라. 그리고 배가 지나가도록 내버려 두라. 다른 배가 떠내려와도 그냥 지나가도록 내버려 두라. 함대 전체가 떠내려와도, 모두 지나가도록 내버려 두라.

처음에 당신은 고요하게 머물기를 원하기 때문에 이것이 좀 성가실 수 있다. 서서히 당신은 동시에 두 가지 주의를 가질 수 있는 능력을 계발하기 시작할 것이다. 당신은 피상적 생각을 인식한다. 동시에 신비스럽게 당신을 끌어당기면서 구체적인 특징이 없는 현존을 인식하게 된다. 이것은 인식, 즉 영적 주의력이다. 당신은 동시에 두 가지 차원의 인식이 일어나는 것을 알아차린다. 피상적 생각에 대해 걱정하는 것보다 깊은 인식을 계발하는 것이 더 중요하다. 피상적 생각은 얼마 안 가서 당신의 관심을 끌지 않을 것이다.

의식의 강을 타고 떠내려오는 두 번째 종류의 생각은 주의를 사로잡아서 거기 올라타고 싶은 마음이 들게 하는 화려한 배에 비길 수 있다(본문 95페이지 '하느님 현존이 우리 안에 자리 잡음' 참조). 그 이끌림에 굴복해서 배에 올라타면 당신은 떠내려가기 시작할 것이다. 당신이 어느 정도 자신을 그 생각과 동일시한 것이다.

거룩한 단어로 돌아가는 것은 하느님의 현존에 자신을 열어 드린다는 원래 지향을 재확인하는 것이다. 거룩한 단어는 관심을 끄는 생각에 매달리는 경향을 놓아 버리는 데 도움이 될 수 있다. 거기에 걸려들거나 막 걸려들 참이라면, 즉시 그러나 내적으로 매우 부드럽게 그것들을 놓아 버려라. 저항하는 생각이 어떤 형태이든 간에 그 자체로 생각이다. 더욱이 그것은 감정이 실린 생각이다. 감정이 실린 생각은 당신이 길러 나가는 기본 마음가짐, 즉 하느님 현존에 사랑 가득한 주의를 드리면서 하느님을 기다리는 마음가짐을 방해한다.

그러므로 모든 생각을 놓아 버려라. 그리고 어떤 생각을 따라가려는 유혹이 생기면 거룩한 단어로 돌아가라. 마치 풀잎 위에 내려앉는 이슬방울인 듯이 부드럽게 거룩한 단어로 돌아가라. 당신이 누리던 고요한 물에서 끌려 나온다고 마음이 동요되면, 여지없이 더 멀리 떠내려가게 될 것이다.

마음을 가라앉히고 평화를 누리기 시작하면, 어떠한 생각도 하고 싶지 않다. 조용히 있기를 원할 뿐이다. 그러면 세 번째 종류의 생각이 떠오른다. 그것은 영적 여정에 대한 깨달음이거나, 과거 삶에 대한 대단한 심리적 통찰일 수도 있다. 갑자기 가족 중 한 사람과의 문제를 해결할 방법이 떠오르기도 한다. 혹은 친구를 회개시킬 완벽한 논거를 발견하기도 한다. 물론 기도에서 빠져나오면, 번뜩이는 생각들이 사실 아주 엉뚱한 것이었음을 알게 된다. 침묵이라는 깊은 물의 어둠 속에서는 놀랍게 보였던 것들도, 현실에서는 내면의 평화와 고요에서 꾀어내려는 미끼에 불과했다는 것을 깨닫게 된다.

당신은 누군가를 위해 기도하려는 걷잡을 수 없는 충동을 느낄 수도 있다. 다른 사람을 위해 기도하는 것이 중요하기는 하지만, 이 시간만큼은 그것을 행할 때가 아니다. 이 시간에는 어떠한 노력도 역효과를 낸다. 이 시간은 하느님께서 당신에게 말씀하시는 때다. 이는 당신에게 특별한 이야기를 털어놓으려는 사람을 가로막는 것과 같다. 당신이 친구에게 뭔가 중요한 말을 하려고 하는데, 그 사람은 자기 이야기를 하면서 당신 말을 계속 가로막는 경우를 떠올려 보자. 이 기도에서는 하느님의 말씀에 귀를 기울이며, 하느님의 첫째 언어인 침묵에 귀를 기울여야 한다. 이때 당신이 할 수 있는 유일한 활동은 전반적인 주의를 하느님께 드리는 것이다. 이는 암묵적으로 모든 생각을 놓아 버리든지 또는 거룩한 단어로 돌아감으로써 행할 수 있다.

관상 기도를 열심히 수련하는 설교자와 신학자들은 경건한 생각이 떠오르는 점이 특별한 고민이 된다. 그들이 침잠하면 어떤 기막힌 영감이 떠오른다. 여러 해 동안 애써 탐색해 왔던 신학적 문제가 갑자기 분명해진다. 이때 그들은 이렇게 생각한다. '이것을 몇 초만 더 생각해야겠어. 그래야 기도가 끝난 다음 잊지 않을 거야.' 이로써 그들의 내적 침묵은 끝나 버린다. 기도를 끝내고 나면, 그 근사한 생각이 무엇이었는지 기억조차 못할 수도 있다.

우리가 깊은 고요 속에 있으면, 밝은 지성의 빛을 받기가 쉬워진다. 대부분 그것들은 착각에 불과하다. 인간에게는 하느님 앞에 비어 있는 상태로 있는 것을 좋아하지 않는 특성이 있다. 당신이 이 기도에서 진전이 이루어지면, 질투심 많은 마귀가 당신을 보고 넘어뜨리려 유혹할 것이다. 그들은 당신의 진보를 방해하려고, 상상 앞에 여러 가지 맛있는 미끼를 흔들어 보이는 것이다. 심해에서 노닐고 있는 작은 물고기처럼 온 사방에서 하느님께 휩싸여 있다고 느끼다가 갑자기 당신의 평화로운 공간으로 미끼가 내려온다. 그것을 물면 당신은 물 밖으로 끌려 나간다.

내적 침묵의 가치를 확신하는 일이 어려울지도 모른다. 그러나 향심기도를 하려고 한다면 그 기도를 하는 유일한 방법은 모든 생각을 무시하는 것이다. 그 시간을 오로지 내적 침묵의 시간이 되게 하라. 하느님께서 당신에게 계속해서 말씀하시려 한다면 하루의 나머지 23시간 동안에 그렇게 하시도록 맡겨드려라. 당신이 그분의 침묵에 귀 기울이는 것을 우선적으로 택한다면 그분은 더 기뻐하실 것이다.

이 기도에서는 하느님께서 당신 귀에, 당신 감정에, 당신 머리에, 당신 가슴에 대고 말씀하시는 것이 아니라 당신 영에 그리고 당신의 가장 깊은 존재에 말씀하신다. 사람에게 그 언어를 이해하거나 그것을 알아들을 수 있는 기능은 없다. 일종의 도유가 일어난다. 그 도유의 열매는 나중에 간접적으로 나타날 것이다. 이는 온유, 평화, 그리고 일어나는 모든 일에 있어서 하느님에게 기꺼이 승복하는 태도 등이다. 그러한 이유로 내적 침묵이 어떠한 통찰보다도 위대하다. 그것은 수많은 어려움을 덜어 주기도 한다. 순수한 믿음이 하느님께로 가는 가장 확실하고 가장 곧은길이다.

사람들은 자신의 이러저러한 영적 체험을 자신이나 다른 사람들에게 설명하기 위해, 회상하려는 속성을 가지고 있다. 영적 체험을 상기하는 것이 어느 정도까지는 괜찮지만, 이 체험이 내적 침묵만큼 중요하지는 않다. 그러니 향심기도 중에는 이것들에 대해 성찰하지 마라. 만일 그것들이 진짜 가치 있는 것이라면 나중에 다시 생각날 것이다. 침묵이 깊을수록 하느님은 당신이 모르는 사이에 당신 안에서 더 심오한 방식으로 일하실 것이다. 순수한 믿음은 궁극적 신비이신 분에게, 즉 당신이 생각하는 대로나 누군가 일러 준 대로의 하느님이 아닌 본래 있는 그대로의 하느님에게 동의하고 승복하는 것이다.

하느님께서 우리와 소통하시는 데는 순수한 믿음의 차원보다 더 좋은 길이 없다. 이 차원은 너무 깊기 때문에 우리의 영혼에 직접적으로 나타나지는 않는다. 하느님은 우리 기능으로 파악할 수 없는 분이시다. 그분에게는 적절한 이름을 붙일 수도 없다. 우리 정신으로는 그분을 알 수 없고 오직 사랑으로만 그분을 알 수 있다. 일부 신비가들이 '무지無知'라고 부르는 것이 바로 이것이다. 우리가 지금 그분을 아는 방식대로 그분을 알지 않음으로써 우리는 정말로 그분을 알 수 있다. 환시, 내적 음성, 탈혼 등은 케이크에 얹어 놓은 장식 크림과 같을 뿐이다. 영적 여정의 본질은 순수한 믿음이다.

우리의 일상적인 심적 자아가 고요해지면 어떤 특별한 생각이 떠오른다. 만일 당신이 포도주를 만들어 보았다면, 새 포도주를 찌꺼기에서 분리한 다음 술통에 붓고 거기에 소위 정제액을 섞는다는 것을 알 것이다. 정제액은 술통 전체에 얇은 막을 형성해서 2~3개월에 걸쳐 포도주 속 불순물과 함께 바닥으로 가라앉는다.

향심기도 중에 당신에게 일어나는 일도 이와 아주 비슷하다. 거룩한 단어는 이 정제액과 같으며 거룩한 단어가 인도하는 침묵은 의식을 맑게 해 주는 과정이다. 의식이 맑아지면 당신은 하느님 현존의 빛 그리고 영적 가치들과 조화를 이룰 것이다.

향심기도에는 인식의 직접성이 있다. 이것은 어린이의 단순성을 재발견하는 한 가지 길이다. 어린아이가 주위 환경을 인식하면서, 아이는 자기가 보는 대상이 아니라 오히려 자신이 무언가를 본다는 행위 자체에 기쁨을 느낀다.

　언젠가 엄마의 보석을 가지고 노는 것을 좋아하는 부잣집 어린 소녀 이야기를 들은 적이 있다. 엄마가 집에 없고 보모가 잠시 다른 일을 하는 사이에, 아이는 엄마의 다이아몬드를 모아서 변기에 집어넣곤 했다. 그 아이는 아름다운 다이아몬드들이 물에 떨어질 때 퐁당거리는 소리를 듣기 좋아했던 것이다. 아이는 좀 더 자라면서 변기 물을 빼는 것도 배웠다. 이때 식구들은 몹시 화가 나서 머리를 쥐어뜯을 지경이었다. 그들이 어떻게 그 아이의 나쁜 버릇을 고쳐 줄 수 있었겠는가? 아이는 보석의 가치 따위에는 흥미가 없었다. 물론 엄마에게는 아주 값진 것이었지만 말이다. 단지 그 아이는 반짝거리는 다이아몬드가 첨벙거리며 물에 빠지는 소리와 같은 경험의 직접성을 즐겼던 것이다.

　우리는 성장하면서 분석적 판단을 발달시켜야 한다. 그렇지만 현실을 있는 그대로 즐기는 것, 즉 그저 존재하고 그저 행하는 것의 가치를 잃어서는 안 된다. 복음에서 예수님은 우리에게 어린이와 같이 되라고, 그들의 순진무구함, 신뢰[2], 실재와 직접적으로 접촉하는 것[3]을 본받으라고 촉구하신다. 물론 예수님이 우리에게 어린이의 유치함이나 발끈하는 모습을 본받으라고 하시지는 않는다. 우리의 가치 체계가 어떠한 것도 값을 매기지 않고는 즐길 수 없게 한다면, 우리는 삶의 아름다움을 상당 부분 놓치게 된다.

2　의심이나 고정관념 없이 받아들이고 속마음을 다 털어놓을 수 있는 것. ― 역자 주
3　분석하지 않는 것. ― 역자 주

우리가 이 가치 체계를 기도 영역에 끌어들이면 결코 하느님을 누릴 수 없다. 우리가 하느님을 누리기 시작하자마자 틀림없이 '아니, 내가 하느님을 즐기고 있구나!' 하고 성찰하게 된다. 이렇게 성찰이 시작되면 우리는 그 체험의 사진을 찍는 것이 된다. 모든 성찰은 실재의 사진과 같다. 그것은 원래 체험이 아니고 단지 그 체험에 대한 해석이다. 사진이 실재의 근사치에 불과한 것과 마찬가지로 모든 성찰은 있는 그대로의 체험에서 한 걸음 물러난 것이다.

우리가 하느님 현존을 체험할 때 그것에 대해 생각하지만 않는다면, 오랫동안 그 현존 안에서 쉴 수 있다. 안타깝게도 우리는 영적 문제에 있어서는 굶주린 사람과 같아 죽을 힘을 다하여 영적 위안에 매달리게 된다. 이렇게 무엇을 소유하고자 하는 우리의 태도는 체험에 대한 어린아이의 순수한 기쁨과 단순성을 누리지 못하게 한다.

향심기도에서는 가능한 한 심리적 체험을 무시하며 그 체험이 일어나게 내버려 두어야 한다. 당신이 평화롭다면 그것으로 좋다. 그것에 대해 생각지 마라. 그저 평화롭게 있으며, 성찰하지 않고 그것을 누려라. 하느님에 대한 체험이 깊어질수록 당신은 대개 거기에 대해 더 말할 수 없게 된다. 개념화하려 할 때 당신은 상상과 기억과 이성을 사용하는 것이다.

이 모든 것은 하느님과의 일치의 직접성이나 그 깊이와는 무관하다. 이러한 상황에서는 어린이와 같은 태도가 중요하다. 아무것도 할 필요가 없다. 그저 하느님 품 안에서 쉬어라. 이것은 행위의 수련이 아니라 존재의 수련이다. 이렇게 되면 당신이 해야 하는 일을 훨씬 더 효과적이면서 훨씬 더 기쁘게 이룰 수 있을 것이다. 많은 시간 우리는 엔진 오일이 없는 상태로 달리곤 한다. 그래서 우리가 무언가 이룰 수 있는 능력은 대개 정오경이면 다 떨어지고 만다. 향심기도는 성령의 능력에 당신을 열어 놓는다. 그러면 당신이 종일 성취할 수 있는 능력이 증가할 것이다. 당신은 어려운 상황에 잘 적응할 수 있고, 심지어 불가능한 상황에서도 잘 살아갈 수 있게 될 것이다.

세 번째 종류의 생각은 당신이 그것들에 동의하게 되면, 자신의 깊은 공간으로 들어가는 것을 막아 버린다. 그러한 이유로 그 생각이 아무리 멋져 보이고 많은 문제를 해결해 줄 것 같아도 그것을 놓아 버려야 한다. 그 기발한 생각에 대해서는 언제라도 생각할 수 있으며, 그렇게 했을 때 좋은 결과를 가져올 수도 있다.

이 기도에서 우리는 동기의 순수성을 길러 나간다. 그리스도인의 길에서는 동기가 전부다. 우리 안에 빛을 받아들이는 데 장애물이 없다면 언제나 찬란한 빛이 우리 안에서 빛날 것이다.

우리가 거짓 자아와 그 이기적 행위의 영향을 받는 한 우리는 커튼을 친 상태와 같다. 안타깝게도 우리가 청한다고 해서 거짓 자아가 즉시 없어지는 것은 아니다. "이제 그만."이라고 말한다고 해서 그것이 사라지리라고 기대할 수는 없다. 거짓 자아는 아주 교묘히 작용한다. 하느님의 특별한 도움 없이는 그것에서 결코 벗어날 수 없다. 그뿐 아니라 우리에게 닥치는 시험은 우리를 압도하려 할 것이다.

다른 무엇보다도 거짓 자아를 강화하는 태도는 자신의 생각과 느낌 등

무언가를 소유하려는 본능이다. 이러한 본능적 태도는 버려야 한다. 우리는 대부분 영적 체험에 굶주려 있다. 영적 체험이 일어나기 시작하면 우리 안에 있는 모든 것이 그것을 붙잡으려 한다. 처음에는 그것을 어찌할 수 없다. 쓰라린 체험을 통해서 영적 체험을 붙잡으려는 것이 우리를 기진맥진하게 한다는 것을 배우게 되면, 영적 체험을 붙잡는 것은 우리가 계속 나아갈 길이 아니라는 것이 분명해진다.

우리가 이처럼 깊은 평화에 매달리는 태도를 놓아 버릴 수 있다면, 정화된 기쁨과 내적 자유로 나아갈 것이며 이때에는 더 이상 영적 체험이 그리 대단하게 여겨지지 않을 것이다. 영적 위안에 관한 한 그것을 소유하려고 하지 않는다면 우리가 원하는 것을 모두 가질 수 있다. 그러나 우리가 그것을 소유하고 싶어 하는 순간 그것은 사라진다. 우리는 하느님을 소유하려고 애쓰지 않고 그분을 있는 그대로 받아들여야 한다. 하느님에 대한 어떠한 체험도 우리 의식의 강을 흘러내려 오는 다른 생각과 마찬가지로 모두 지나가게 해야 한다.

일단 우리의 종착지가 모든 영적 체험을 넘어서는 곳임을 알게 되면, 여정 중에 만나는 어떠한 것에도 매달리는 것이 쓸데없는 일임을 이해하게 된다. 그러면 길을 가다 오아시스의 야자수 아래 정착하는 일이 없을 것이다. 오아시스는 새 힘을 주지만, 그것이 여정의 목적은 아니다. 우리가 비록 넘어지거나 기어가더라도 계속 나아간다면, 마침내 성령께 순종하는 데서 오는 열매인 기쁨과 내적 자유에 도달할 것이다.

우리가 깊은 평화로 진입할 때 이 세 번째 생각이 떠오르면, 근사한 생각을 붙잡으려는 충동이 고요한 심연 밖으로 우리를 꾀어낸다. 거룩한 단어는 엄밀한 의미에서 만트라는 아니다. 만트라와 같이 무의식 속에 주입할 때까지 그것을 계속 말하는 것은 아니다. 오히려 우리 안의 하느님 현존이 이끄시는 힘에 승복할 수 있도록 우리가 설정한 조건이며 분위기다.

영적 위안은 그 현존에서 나오는 한 줄기의 빛살이다. 그것 자체가 하느님의 현존은 아니다. 이 세상에서 하느님을 직접 알고도 살아남을 수는 없다. 하느님을 직접 아는 일은 다음 세상에서의 일이다.

이 세상에서 그분을 아는 지름길은 순수한 믿음에 의해서이며, 순수한 믿음은 생각과 느낌과 자아 성찰을 넘어서는 것이다. 순수한 믿음은 하느님에 대한 심리적 체험이 없을 때 가장 잘 단련된다. 하느님께서는 감각적 체험 또는 개념적 체험 너머에 계신다. 순수한 믿음의 상태는 우리가 상상할 수 있는 모든 것 너머에 있다. 우리는 그저 우리 주변을 둘러보면 하느님 현존이 어디에나 존재함을 깨닫게 된다. 그것은 그저 '존재'한다. 우리는 그게 무엇인지 '말할 수 없는' 무언가를 '인식'할 수 있을 만큼 우리 자신을 활짝 열어 놓은 것이다.

네 번째 종류의 생각 역시 우리가 생각과 영상에서 벗어나 깊은 평화에 잠겨 있을 때(깊은 평화이자 모든 것을 품는 평화 중에) 생겨난다. 위 디오니시우스가 "빛나는 어둠"이라고 일컫는 신비한 충만감이 우리를 둘러싸고 의식에 스며드는 것 같다. 우리는 원치 않는 일반적 생각들의 흐름을 어렴풋이 인식하기는 하지만 깊은 고요를 누린다. 깊은 고요를 누릴 때 이 생각들은 특히 거슬리는데, 이 생각들에 걸려들면 그 평화에서 빠져나오리라는 것을 알기 때문이다. 우리는 거룩한 단어로 돌아가고 싶어 하지도 않는다. 우리 가장 깊은 존재를 부드럽게 도유하는 듯한 사랑과 빛 속에 잠기는 것 이외에는 아무것도 하고 싶어 하지 않는다. 마치 하느님께서 우리 영 가운데 진한 입맞춤을 하시고, 동시에 모든 상처와 의혹과 죄책감이 송두리째 치유된 것 같다. 궁극적 신비에게 사랑받는 체험은 모든 두려움을 몰아낸다. 그것은 우리가 저지른 모든 잘못과 죄가 말끔히 용서받고 잊혀진다는 확신을 갖게 한다.

그러한 침묵, 무사고, 성찰이 없고 형언할 길 없는 평화의 상태 속으로 다음과 같은 생각이 찾아든다. '드디어 내가 해냈구나!', '이 평화는 참 좋다', 혹은 '여기 어떻게 도달했는지 기억해 둘 수만 있다면, 내일은 지체 없이 여기로 되돌아올 수 있을 텐데.' 이런 생각이 들면 당신은 번개처럼 거기서 빠져나오게 된다. 그러면 당신은 기가 막혀 '맙소사! 내가 뭘 잘못했지!' 하고 생각할 것이다.

이 기도에서 어떻게 하느님께서 활동하시도록 해 드리는가?

모든 상황 속에서 하느님께서 일하시도록 하는 일은 어렵다. 향심기도에서는 당신이 하는 일을 성찰하지 않고 놓아 버리는 것이 올바른 방법이다. 그 방법은 기도 시간에 당신이 어떤 자세로 앉아 있는지, 어느 정도의 시간을 내어야 하는지에 있지 않고, 떠오르는 생각들을 어떻게 다루는가에 있다. 세계의 많은 종교가 개발한 모든 위대한 영적 훈련의 요점은 생각을 놓아 버리는 것이라고 말할 수 있다. 그 밖의 모든 것은 부차적인 것이다. 목표는 자신의 여러 차원의 존재를 통합시켜 그 존재를 하느님께 승복시키는 것이다.

향심기도 중에 하느님을 인식하게 되는가, 아니면 향심기도 후에야 하느님께서 거기 계셨음을 알게 되는가? 무언가를 인식하면서도 거기에 대해 성찰하지 않는 것이 어떻게 가능한가?

분간할 수 없는(총체적인) 하느님의 현존을 의식하면서도 거기에 대해 분명하게 성찰하지 않을 수 있다. 순수한 인식은 경험의 직접성이다. 우리는 훈련과 교육을 통해 성찰하도록 길들여졌다. 그렇지만 어떤 체험에 너무 깊이 빠져 있어서 성찰하지 않을 수도 있다. 어떤 일을 너무 즐기기 때문에 즐기고 있는 것을 생각할 시간이 없었던 경험이 있지 않은가?

그렇다. 그렇지만 즐긴다는 것은 느낄 것이다.

물론이다. 그런데 그 느낌을 성찰하지는 마라. 그 느낌을 성찰하면 그 체험을 당신이 이해할 수 있는 무언가로 축소하게 된다. 하느님은 우리가 이해할 수 있는 분이 아니시다. 하느님에 대한 인식은 경외심, 존경심, 사랑, 그리고 즐거움이 한데 어우러진 것이다.

우리는 행복하도록 창조되었으며 그것을 추구하는 일에는 잘못이 없다. 그렇지만 안타깝게도 행복에 너무 굶주렸기 때문에 우리는 행복이 다가오는 순간, 온 힘을 다해 그것을 얻으려 하고 필사적으로 거기에 매달린다. 이것이 잘못이다. 그것을 가장 잘 받을 수 있는 방법은 그것을 포기하는 것이다. 모든 것을 하느님께 되돌려드리면 당신은 항상 완전히 열릴 것이다. 그리고 당신이 완전히 열려 있을 때 언제나 하느님을 위한 공간이 있다.

하느님에 대한 체험은 당신이 이전에 체험했던 어떤 것처럼 다가온다. 하느님은 너무나 우리와 잘 맞기 때문에 그분에 대한 체험은 완성감 혹은 행복감으로 다가온다. 우리에게 부족했던 것이 메워지는 것처럼 보인다. 이 체험은 신뢰, 평화, 기쁨과 경외심을 한꺼번에 깨어나게 한다.

물론 다음으로 우리에게 일어나는 일은 '정말 좋다. 어떻게 여기에 머물 수 있을까?'라고 생각하는 것이다. 이것은 정상적인 반응이다. 그러나 우리는 그것이야말로 가장 나쁜 일이라는 것을 경험으로 배웠다. 집착하고 소유하려 하는 선천적 성향이 하느님과 일치하는 데 가장 큰 장애물이다. 소유하고 싶어 하는 이유는 우리가 하느님에게서 분리되어 있다고 느끼기 때문이다. 분리되어 있다는 느낌은 **인간 조건***이 지니는 일상적인 심리적 체험이다. 이러한 착각 때문에 실제로는 행복이 바로 눈앞에 있는데도 우리는 생각해 낼 수 있는 모든 길을 따라 행복을 찾으려 노력한다. 우리는 행복을 지각하는 방법을 모르고 있을 뿐이다. 하느님과 일치된 존재로서 가져야 할 안전감이 결여되었기 때문에, 우리는 우리가 쥘 수 있는 소유와 힘의 상징에 매달려 연약한 자아상을 드높이기 위해 애쓴다.

하느님에게 되돌아가려면 이 길과는 반대로 가야 한다. 즉 소유하고 싶어 하는 모든 것을 놓아 버려야 하는 것이다. 하느님의 현존감보다 더 탐나고 감미로운 것이 없기 때문에 그것마저도 기꺼이 놓아 버려야 하는 생각임이 틀림없다.

하느님의 현존을 붙잡으려 애쓰는 일은 공기를 붙잡으려 애쓰는 것과 같다. 공기 한 쪽을 떼어 내어 책상 서랍 속에 숨겨 둘 수 없다. 이처럼 하느님 현존을 한 조각 떼어 내어 다음 기도 시간까지 옷장에 숨기거나 냉장고에 보관해 둘 수는 없다. 향심기도는 모든 것, 심지어 자기 정체성까지 놓아 버리는 훈련이다. 이는 이 세상의 좋은 것들을 사용하지 말라는 뜻은 아니다. 하느님 은총의 자유로운 흐름을 감소시키고 그분 현존을 누리지 못하게 방해하는 것은 집착이나 중독일 뿐이다.

생각들은 언제나 다가오는가? 당분간 평화로운 느낌을 유지할 수 있을 것 같다가도, 갑자기 생각들이 다시 몰려든다. 항상 이런 식인가?

기도 시간에 평화에 들어갔다 나왔다 하는 것이 정상이다. 물론 어떤 기도 시간에는 한결같이 고요하게 있을 수도 있다. 그러나 고요하게 있는 경우에도 다음번에 기도할 때는 비행사들이 '난기류'라고 일컫는 것으로 가득 차고, 지속적이고 혼란스러운 생각들이 계속 되돌아온다는 것을 알 것이다. 이것은 재앙이 아니며 받아들여야 하는 것이다. 평화로운 상태와 생각이 몰려드는 상태를 오가는 것은 기도 과정의 중요한 부분이다. 그것은 동전의 양면과 같다.

향심기도는 기도의 한 형태일 뿐이며 다른 시간에 다른 형태의 기도를 하지 말라는 것이 아님을 명심하라. 향심기도는 구약 성경에 나오는 야곱의 사다리와 같다. 야곱은 천사의 모습으로 나타나신 주님과 밤새 씨름한 후 잠이 들었다. 꿈에서 그는 땅에서 하늘까지 이르는 사다리를 천사들이 오르내리는 것을 보았다. 그 사다리는 의식 혹은 믿음의 각기 다른 차원을 나타낸다.

우리는 존재의 모든 차원에서 하느님과 소통해야 한다. 바로 우리의 입술, 몸, 상상, 감정, 정신, 직관적 기능, 그리고 침묵으로 소통하는 것을 의미한다. 향심기도는 사다리의 한 계단일 뿐이다. 그것은 하느님이 우리에게 말씀하실 기회를 드리는 방법이다.

하느님과 자연스럽게 말을 나누는 것도 좋지만, 그보다 더 높은(또는 깊은) 단계가 있다. 인간관계에서 우정을 나눌 때처럼 대화에는 단계가 있다. 그러나 우정이 더 친밀한 관계로 발전함에 따라, 친교의 단계가 전개되는데 이 단계에서는 둘이 함께 앉아서 아무 말도 하지 않을 수 있다. 두 사람이 아무 말도 하지 않는다고 해서, 그들이 그 관계에서 깊은 즐거움을 찾지 못한다고 할 수 있는가? 타인과의 관계 그리고 하느님과의 관계를 표현하는 분명 다른 방법, 다른 단계가 있다. 하느님께서는 분명 우리를 개별적으로 다루신다. 이 기도는 하느님과의 관계에 다른 기도보다 더욱 친밀한 차원을 더해 준다. 소리 기도가 잘못된 것은 아니지만, 그것이 유일하거나 가장 심오한 기도 방법은 아니다.

향심기도를 매일 오랫동안 하면 어떤 질병을 키울 수도 있는가?

만일 기도할 시간이 많고, 또 기도로 특별히 위안받는 시기를 보내고 있다면, 기도가 너무 달콤하고 즐겁기 때문에 할 수 있다면 기도를 오래 하려고 애쓸지도 모른다. 그러나 위안을 받는 것이 향심기도의 목적은 아니다. 예수의 데레사 성녀는 같은 수도회 수녀 중에 이러한 기도를 너무 많이 하다가 병들어 버린 사람들을 놀려 댔다. 그들이 하루에 7~8시간 혹은 더 오랫동안 내적 침묵에 머무르며, 일상에서 너무 오래 떠나 있었기 때문에 소위 감각 상실을 경험했을 터이기 때문이다.

우리가 내적 침묵 속에서 오랜 시간을 보내면 신진대사가 저하되어, 뇌로 가는 혈류량이 감소한다. 피정처럼 한정된 기간에 이렇게 하는 것은 좋지만, 이것을 몇 달 그리고 몇 년 동안 매일 계속하면 멍해질 수 있다. 당신이 일주일 이상 이 수련을 지속한다면 지도자가 필요하다.

모든 것을 신중하게 행해야 한다. 일반적으로 사람들은 자신의 건강을 해칠 수 있는 일은 절대 하지 않으려고 신중을 기한다. 그러나 정반대로 행하는 사람들도 있으며 그들은 절제할 필요가 있다.

향심기도 시간을 늘리거나, 하루 두 번보다 기도 횟수를 늘리는 것이 가치가 있을까?

하루에 두 번 이상 향심기도를 하면 자기 지식의 과정이 빨라질 수 있다. 그 결과 이전에는 적극적으로 마주하거나 처리하지 못했던 과거 일들에 대한 통찰이 더 빨리 그리고 더 강렬하게 생겨날 수 있다. 향심기도의 발전은 자기 자신이 완전히 솔직해지는 것을 가로막는 모든 것에서 해방되는 과정이다.

향심기도 시간을 늘리면 자신에 대한 진실을 마주 볼 수 있을 뿐 아니라, 하느님에 대한 신뢰도 커질 수 있다. 당신은 신뢰하는 사람 앞에서만 당신의 실제 모습을 인정할 수 있다. 하느님을 신뢰한다면, 당신이 무슨 일을 했건 혹은 하지 않았건 관계없이 그분이 당신을 계속 사랑하시리라는 것을 알게 된다. 사실상 그분은 언제나 당신 인격의 어두운 면을 알고 계셨으며, 친구에게 털어놓듯이 이제는 비밀을 고백하게 하신다. 자기 지식이라는 통찰은 당신을 당혹스럽게 하는 대신, 해방감을 가져다준다. 그러한 통찰로 당신은 '왜 내 자신에 대해서 생각해야 하지?' 하고 자문하는 지점에 이를 것이다. 그러면 하느님께서 얼마나 멋진 분이신지를 생각하는 자유를 누리게 되고, 당신에게 일어나는 일에 거의 개의치 않게 된다.

기도 시간 중에 아무 생각도 하지 않는다는 사실을 깨닫는다는 것이 역설적인 것 같다. 이럴 때 어떻게 하는가?

당신이 진짜로 생각하지 않고 있다면, 당신이 생각하지 않는다는 생각조차 없다. 물론 결국은 그 달콤한 침묵에서 빠져나오고, 정신은 다시 떠돌아다니기 시작할 것이다.

나는 거룩한 단어를 언제 사용해야 할지 알지만, 언제 사용하지 말아야 할지는 모르겠다.

사고하지 않는 상태가 있는데, 바로 거기가 우리가 가고 싶은 곳이다. 그런데 우리에게는 성찰하려고 하는 뿌리 깊은 성향 때문에 그곳에 도달하기 어렵다. 자신을 인식하고자 하는 본능적 성향은 자기중심성의 마지막 보루다. 이집트의 안토니오 성인은 다음과 같은 유명한 말을 했다.

"완전한 기도란 자신이 기도하고 있다는 사실을 모르는 것이다."

내가 지금까지 이야기했던 것이 안토니오 성인이 말하는 마음 상태다. 당신이 완전한 기도를 하고 있을 때 성령께서는 당신 안에서 기도하신다. 거짓 자아를 하느님께 승복시키는 것이 거짓 자아가 죽는 것이다.

이것이 예수님께서 "새로 태어나야 한다."(요한 3,3 참조)라고 말씀하시면서 니코데모에게 설명하려고 하신 것이다. 새로 태어날 수 있기 위해서는 그 전에 죽어야 한다.

니코데모가 "이미 늙은 사람이 어떻게 또 태어날 수 있겠습니까? 어머니 배 속에 다시 들어갔다가 태어날 수야 없지 않습니까?"(요한 3,4) 하고 대답하자 예수님께서는 이렇게 말씀하셨다.

"바람은 불고 싶은 데로 분다. 너는 그 소리를 들어도 어디에서 와 어디로 가는지 모른다. 영에서 태어난 이도 다 이와 같다."(요한 3,8)

달리 말해서, 성령의 인도로 움직인다는 것은 이 세상에서 이루어지는 완전히 새로운 존재 방식이다.

나는 향심기도를 일 년 이상 해 왔다. 하지만 나는 물에 빠진 사람이 구명 튜브에 매달리는 것처럼 거룩한 단어에 매달려 왔다. 그런데 오늘 기도 중에 그 튜브가 방해되어, 나는 그것을 집어던져 버렸다. 나는 어쩌면 이것이 한 걸음 진보한 일이라고 생각했다.

반드시 당신의 구명 튜브를 버려라. 그것은 그릇된 삶을 구하는 것이다. 다시 태어나서 성령으로 살기 위해서는 거짓 자아는 반드시 죽어야 한다.

기도에 더욱 진보한 사람도 영적 지도가 더 필요한가?

격려와 지지를 줌으로써 영적 지도가 도움이 되는 때가 있다. 가끔씩 향심기도를 하면서 당신은 악천후 속으로 뛰어들 때가 있다. 내적 침묵을 통해 무의식으로 더 깊이 들어감에 따라, 당신은 유전을 건드릴 수도 있고 그러면 기름 줄기가 솟구쳐 오르는 것 같은 경험을 하게 될 것이다. 몇 달 혹은 몇 년 동안 어려움을 겪을 수도 있다. 이 기간이 십자가의 요한 성인이 '어두운 밤'이라고 부르는 것이다. 이 상황에서는 확신이 필요하다. 어떤 사람에게는 이 시험 기간이 다른 사람들보다 더 힘들다. 그들은 확신이 필요하고, 이때에 영적 지도자가 큰 도움이 될 수 있다. 그러나 영적 지도자가 이러한 기도 경험이 없는 사람이라면 도움보다는 해를 끼칠 수도 있다.

당신이 해야 할 일은 오직 기다리면서 용기를 잃지 않는 것이다. 유전의 기름이 메마르면 당신은 새로운 심연으로 옮겨갈 것이다. 당신은 두

층 사이에서 멈춘 엘리베이터에 타고 있는 것과 같다고 말할 수 있다. 방해가 되는 것이 무엇이든 간에 그것이 제거될 때까지 당신은 기다리기만 하면 된다.

영적 지도자는 당신이 영적 여정의 어디쯤에 서 있는지 어느 정도 확신을 가지고 알아볼 수 있을 만큼 충분한 경험을 가진 사람이어야 한다. 일반적으로 지도자는 사람들이 영위하는 삶을 보고 이를 식별할 수 있다. 어떤 사람들이 분명히 하느님을 찾고 있지만 자신을 이전에 없던 최악의 죄인이라고 생각하고 있다면, 지도자는 이렇게 말할 수 있어야 한다. "잊어버리시오! 당신은 최고의 행운아입니다!"

당신이 정화의 어두운 밤에 있다면, 자신의 문제에 대해서 제대로 판단할 수 없다. 당신이 예상해야 할 시험 중에는 당신을 도울 수 있는 사람을 아무도 찾을 수 없으리라는 상황도 있다. 이는 당신이 모든 신뢰를 하느님께 드릴 수 있도록 그분께서 그런 시련을 주시는 것일지도 모른다.

무의식의 정화 작용

하느님의 치유는
어떻게 이루어지는가?

　　　　　　　정기적 기도 수련을 통해 내적 정화 작용이 시작되면, 다섯 번째 생각이 떠오른다. 이 작용은 하느님의 심리 치료로 우리 각자에게 알맞게 마련된다. 무의식을 정화하고 우리 정신과 감정과 몸 안에, 은총의 자유로운 흐름을 방해하는 것에서 우리를 자유롭게 만들기 위한 것이다.

　어린 시절에 겪었던 정서적 상처가 신체와 신경 조직 속에 긴장과 불안, 다양한 방어 기제의 형태로 저장되어 있다는 경험상 증거가 늘어나고 있다. 일상적 휴식과 수면으로는 그것들을 제거할 수 없다. 그러나 내적 침묵과 이 침묵이 가져다주는 깊은 휴식으로 이러한 정서적 장애가 완화되기 시작하고, 해로운 것을 버리는 인간 유기체의 본성적 능력이 그것들을 비워 내기 시작한다. 신체뿐 아니라 영혼도 건강에 해로운 것을 비워 내는 수단을 가지고 있다. 기도 중에는 무의식에 있는 정서적 찌꺼기가 긴박감과 에너지, 감정이 실린 생각의 형태로 올라온다. 대개 그것들이 어떤 특정한 원천에서 오는지 모른다. 보통은 뒤죽박죽된 생각, 막연하거나 격심한 불안감으로 나타난다. 그저 그것들을 참아 내면서 싸우지 않는 것이 그것들을 내보내는 최선의 방법이다.

향심기도에서 흘러나오는 깊은 평화가 우리의 정서적 장애를 풀어냄으로써 우리 인격의 어두운 면에 대한 통찰이 떠오르고 증가한다. 우리는 가장 그럴듯한 이유를 들어 가족과 친구, 직장 동료들에게 우리가 도움이 된다고 행복한 상상을 한다. 그러나 위와 같은 작용이 가동되기 시작하면, 우리가 지녔던 소위 좋은 의도들이 걸레처럼 보인다. 우리는 스스로 생각한 것과 달리, 그렇게 관대한 사람이 아님을 알게 된다. 이러한 일은 신성한 빛이 마음 안에서 더 밝게 빛나고 있기 때문에 일어난다. 하느님의 사랑은 그 본성상 우리의 타고난 이기심을 들추어낸다.

불빛이 희미한 방 안에 있다고 가정하자. 그곳은 꽤 깨끗해 보일 수도 있다. 그러나 거기에 1,000와트짜리 전등 100개를 켜고 방 전체를 확대경으로 들여다보자. 그곳은 온갖 종류의 이상한 미생물들이 득실거릴 것이다. 당신이 할 수 있는 일이라고는 거기 서 있는 것밖에 없다. 우리 내면도 이와 같다. 하느님께서 전압을 올리시면 우리 동기는 완전히 다른 성격을 띠게 되고, 우리는 매우 진실한 마음으로 하느님의 자비와 용서를 구하게 된다. 그러므로 하느님을 신뢰하는 것이 매우 중요하다. 신뢰가 없으면 우리는 달아나거나, 다음과 같이 말하기 십상이다. "틀림없이 천국으로 가는 더 좋은 길이 있을 거야."

그리스도교 금욕주의 전통에서 말하는 자기 지식이란, 우리 내면에 스며들어 자신도 모르게 우리의 생각과 느낌과 활동에 영향을 주는 정서적 욕구와 요구 및 숨겨진 동기에 대한 통찰이다. 당신이 매일 규칙적으로 일상의 피상적 생각에서 물러나면 자신의 동기에 대해 더 예리한 시각을 갖게 되고, 기존의 가치 체계가 이성기 이전의 태도에 뿌리를 두고 있음을 알게 된다. 여태까지 자신의 이성기 이전 태도를 솔직하고 온전하게 대면한 적이 없던 것이다.

우리는 모두 신경증적 경향을 지니고 있다. 규칙적으로 관상 기도를 실천하면 정신 건강을 위한 본성적 자원이 다시 살아나기 시작해, 거짓 자아와 그 가치 체계가 당신에게 얼마나 많은 해를 끼치고 있는지 깨닫게 된다. 무의식 속에 묻혀 있던 어린 시절의 정서 프로그램이 아주 명료하게 인식되기 시작할 것이다.

우리 영혼 안에 자신을 하느님께 열어 드리지 못하게 하는 장애물이 있다면, 하느님의 사랑은 그것이 무엇인지 가르쳐 주기 시작한다. 그것들을 놓아 버리면, 우리는 점차 하느님의 현존에 노출되고 그분의 현존을 누리게 된다. 관상 기도의 내적 작용은 인격 전체가 자연스럽게 변화되도록 이끌어 준다. 그 목적은 당신의 도덕성 향상에 국한되지 않는다. 그것은 현실을 지각하고 반응하는 방법에 변화를 일으킨다. 이러한 과정은 의식의 구조적 변화를 의미한다.

내적 평화에서 오는 안도감을 갖게 되면, 인격의 어두운 면을 마주하고 자신을 있는 그대로 받아들이는 용기를 갖게 된다. 모든 인간은 하느님처럼 될 수 있는 엄청난 잠재력을 가지고 있다. 그러나 동시에 우리 각자는 원시적 형태의 의식에서 역사적으로 진화해 온 우리 본성과 싸워야 한다. 인간 본성 안에는 더 많은 생명, 더 많은 행복을 추구하고, 하느님에게 더 많은 것을 얻으려는 성향이 있다. 하지만 무의식적이며 짐승 같은 본능적 행동으로 되돌아가려는 자기 파괴적 성향도 있다. 그러한 퇴행에는 아무런 행복이 없다는 것을 알면서도, 인간 조건의 그러한 측면이 늘 우리 안에 도사리고 있다. 풀턴 쉰 대주교는 "야만성은 우리 뒤가 아니라 우리 아래에 있다."라고 말하곤 했다. 즉 폭력성과 다른 본능적 충동이 우리 안에 씨앗으로 남아 있어서, 그것들을 잘 제어하지 않으면 갖가지 악으로 발전될 수 있다는 것이다.

충만한 은총이 우리 안에 흘러들어 오려면 이러한 성향과 정면으로 맞붙어야 한다. 향심기도는 이러한 상처의 치유를 촉진한다. 정신 분석에서 환자는 과거의 충격적 경험을 돌이켜 보며 그것들을 건강한 삶의 양식에 통합시킨다. 향심기도를 매일 충실히 실천하면, 다시 상처받는 일이 없도록 정신적 상처가 치유될 것이다.

향심기도를 몇 개월 하고 나면, 당신은 어떤 감정이 실린 강렬한 생각들이 떠오르는 것을 경험할 것이다. 대개는 그것들이 어린 시절의 충격적인 경험이나 현재의 풀리지 않는 문제를 드러내지는 않는다. 그것들은 단지 강한 기세로 떠오르는 생각이나 혹은 몇 시간, 며칠 동안 당신을 우울한 기분에 빠지게 하는 생각으로 나타난다. 기도 시간 내내 이러한 생각에 괴로울 수도 있을 것이다. 하지만 이런 생각들은 인간 성장이라는 관점에서 볼 때 아주 가치 있는 것들이다.

　무의식 속에 있는 짐을 덜어 내는 것이 본격적으로 시작될 때, 많은 사람은 자신이 거꾸로 가고 있다고 느껴서 향심기도가 불가능하다고 생각한다. 그들이 기도를 시작할 때 오직 끝없는 분심을 경험하기 때문이다. 그러나 사실 당신이 분심에 들고 싶어 한다거나, 일어나서 가 버리지 않는 한 향심기도에서 분심이라는 것은 없다. 따라서 당신이 얼마나 많은 생각을 가졌느냐 하는 것은 문제가 되지 않는다. 생각이 얼마나 많든, 어떠한 것이든 기도의 진정성에는 전혀 악영향을 미치지 않는다. 만일 기도가 '사고 차원'에서 이루어지는 것이라면, 성찰과 무관한 생각들은 실제로 분심거리가 될 것이다. 그러나 향심기도는 사고 차원에서 이루어지는 것이 아니다. 그것은 순수한 믿음 안에서 하느님 현존에 당신 의지로 동의하는 것이다.

　감정이 실린 생각은 무의식이 정서적 찌꺼기를 치우는 데 주로 사용하는 방식이다. 이런 식으로 무의식 속에 숨어 있으면서 생각 이상으로 결정에 영향을 주는 수많은 정서적 갈등이 알아채지 못하는 사이에 해소된다. 그 결과 어느 정도 시간이 흐르면 더 큰 행복감과 내적 자유를 느끼게 된다. 기도 중에 힘들게 하던 바로 그 생각들이 일생에 걸쳐 당신의 신경계에 축적된 상처에서 영혼을 자유롭게 해 준다. 향심기도에서는 생각과 침묵 두 가지 모두 중요한 역할을 한다.

　어설프긴 하지만, 한 가지 비유를 들어보자. 쓰레기를 잘 수거해 가지 않는 아파트에 사는 몇몇 세입자들이 부득이하게 목욕탕에 쓰레기를 쌓아 둔다고 치자. 그들이 목욕을 하려면 제일 먼저 쓰레기들을 치워야 한다. 향심기도에서도 이와 비슷한 절차가 적용된다. 우리가 영적 여정에 투신하면 성령께서는 제일 먼저 우리 안에 있는 일생 동안의 정서적 쓰레기들을 제거하신다. 성령께서는 우리를 완전히 채우시고, 우리 몸과 마음 전체를 하느님 사랑의 유연한 도구로 변화시키기를 바라신다. 그러나 우리 안에 장애물이 있는 한, 우리를 완전히 채우실 수 없다. 장애물 중 어떤 것들은 우리가 전혀 알아채지도 못한다. 그분은 당신 사랑과 열정으로 욕조를 깨끗이 씻어 내기 시작하신다. 그분이 이 일을 하시는 데 사용하는 한 가지 수단은 향심기도 작용으로 시작되는 수동적 정화의 수단이다.

향심기도는 우리를 하느님 손에 맡겨 드리는 것으로, 하느님께 우리의 정화를 맡아 달라고 요청하는 것이다. 자기 지식의 과정에 직면하려면 용기가 필요하다. 하지만 이것이 우리의 진정한 정체성, 궁극적으로 우리의 참자아와 접촉하는 유일한 길이다. 이 참자아가 우리 안의 하느님 모상이다.

당신이 지루하고 안절부절못하면서, 가만히 앉아 괴로운 생각에 난타당하는 것보다는 다른 게 더 낫다고 생각하더라도, 거기 머물러 있어라. 이는 마치 빗줄기 속에 우산도 없이 서서 몸이 흠뻑 젖는 것과도 같다. 우산을 가져오지 않았다고 투덜거려 봤자 소용이 없다. 가장 좋은 해결책은 기꺼이 생각의 폭우 속에 흠뻑 젖는 것이다. '비에 젖어도 좋다.'라며 그 정신적 비를 즐겨라.

기도가 잘 되어 가는지 성찰하기 전에는, 기도를 잘하고 있는 것이다. 성찰한 다음에는, 기도가 잘 되고 있지 않는 것이다. 당신이 생각에 흠뻑 젖어서 달리 어떻게 할 수 없을 때, 오늘은 어쩔 수 없다는 사실을 순순히 받아들여라. 몸부림을 적게 칠수록, 일은 더 빨리 진행된다. 내일 혹은 며칠 후면 더 나아질 것이다. 의식의 강을 따라 내려오는 것을 받아들이는 역량을 키우는 것이 그 훈련의 본질적 요소다. 기도의 심리적 내용에 대하여 중립적인 태도를 키워라. 그러면 생각이 있든지 없든지 당신을 괴롭히지 않을 것이다. 당신의 무력함을 하느님께 봉헌하고 평화로운 마음으로 그분 현존 안에서 기다려라. 오랫동안 충분히 기다리면 모든 생각은 지나가기 마련이다.

또 한 가지 기억할 만한 점이 있다. 무의식의 짐을 덜어 내는 과정에서 때로는 특정 미소나 가려움, 통증, 혹은 강한 감정이 영혼 속 어디에서 오는지, 또 그것들이 자신의 과거 어느 시기와 관련되는지 알아내고 싶어 할 수도 있다. 그것은 쓸데없는 짓이다. 덜어 내는 과정의 특징은 그것이 어떤 특정 사건에 초점을 맞추지 않는다는 것이다. 이 과정은 모든 찌꺼기, 일종의 혼합물의 모습으로 떠오르는 심리적 폐기물을 풀어낸다. 이는 쓰레기를 버리는 것과 같다. 쓰레기를 버릴 때 달걀 껍데기와 오렌지 껍질을 분리하진 않는다. 그냥 쓰레기를 전부 내다 버린다. 당신에게 그것들을 뒤져 보고 거기에 값을 매기라고 요구하는 사람은 아무도 없다. 그냥 모든 것을 큰 쓰레기봉투에 넣어 버리기만 하면 된다.

삶에서 영적 성장과 직접 관련되는 외적 어려움이 일어날 수도 있다.

그것들은 당신 자신에 대해 더 깊은 지식을 갖게 하고 가족과 친구, 타인에게 더 큰 동정심을 갖도록 하느님께서 이끄시는 또 하나의 방식이다.

나는 거룩한 단어를 생각에 저항하는 한 가지 방법으로 사용해 온 것 같다. 혼란스러운 감정에 매달리지 않으면서 거기에 침잠한다는 것이 무슨 뜻인지 잘 모르겠다.

격심한 불안, 신체 통증, 짐을 덜어 내는 시간에 일어나는 두려움과 불안 같은 감정을 다루는 한 가지 방법은 1~2분 동안 고통스러운 느낌 속에 머무르면서 그 고통이 당신의 기도어가 되게 하는 것이다. 달리 말해 감정을 놓아 버리는 가장 좋은 방법은 그냥 그 감정을 느끼는 것이다. **고통스러운 감정***이나, 심지어 육체적 통증도 그것들을 완전히 받아들일 때 소멸되는 경향이 있다.

스트레스를 주지 않으면서 일어나는 다른 현상으로는 가려움, 눈물, 웃음 등이 있다. 향심기도 중에 웃음이 터져 나온다고 알려진 사람도 있다. 아마도 오래전에 들었던 농담이 당시에는 어떤 방어 기제 때문에 재미가 없었지만, 마침내 그 이야기의 의미를 이해할 만큼 충분히 겸손해지거나 자유로워진 것인지도 모른다. 아무 이유 없이 눈물을 흘릴 수도 있다. 적절한 때에 표현할 수 없었던 옛날의 어떤 슬픔을 마침내 느끼게 된 것이다.

향심기도는 삶에서 마무리하지 못했던 것을 완성하는 방법을 가지고 있다. 이는 그저 뒤죽박죽으로 보이는 생각이나 기분의 형태로 감정이

배출되면서 이루어진다. 이것이 정화의 작동 원리이다. 강렬한 두려움, 불안, 혹은 분노 등이 당신의 최근 경험과는 무관할지도 모른다. 그런 것들을 견디면서 앉아 있는 것이 위안을 체험하는 것보다 더 이롭다. 향심기도의 목적은 평화를 체험하는 것이 아니고, 하느님과의 영속적 일치 상태에 방해가 되는 무의식의 장애물을 비워 버리는 것이다.

관상 기도가 아니라 관상 상태가 향심기도 수련의 목적이다. 아무리 이색적이고 확신을 주는 경험이라 할지라도, 경험이 목적이 아니라 의식의 신비스러운 재구성을 통하여 오는 하느님에 대한 항구하고 지속적인 인식이 목적인 것이다. 당신 삶의 어떤 시점에서, 한밤중이나 전철 속에서 혹은 기도 중에 신경 조직과 영혼에 필요한 변화가 마침내 달성된다. 이 영적 여정의 특정 단계는 저절로 해결되고, 당신이 그전까지 가지고 있던 문제는 없어진다. 의식의 재구성이 수련에서 오는 열매다.

그러한 이유로 어떤 특정 체험을 목표로 삼는 것은 아무 의미가 없다. 이전에 전혀 경험해 보지 않은 의식 상태를 당신은 상상조차 할 수 없기에, 그것을 예상하고 기대하는 것은 시간과 에너지 낭비일 뿐이다. 결국은 수련 자체가 의식의 변화를 가져올 것이다. 영적 여정의 이 단계에서 일어나는 가장 의미 있는 일은 정서가 안정되는 것이다. 당신은 감정에 휘둘리는 데서 해방되는데, 이는 감정적 동요의 근거였던 거짓 자아 체계가 마침내 제거되었기 때문이다. 그때에는 감정들이 변질되지 않은 채 있는 그대로 다가오면서 더 이상 당황하지 않게 된다. 이것이 바로 내적 혼란에서의 놀라운 해방이다.

어떤 감정의 경험 때문에 당신이 불안하거나, 동요되거나 고통스러울 때, 그것이 지나가기를 기다리면서 시간을 보내는 것이 가장 좋다. 괴로운 감정으로 고통받고 있으면 그것을 애써 밀어내려는 유혹이 강하게 든다. 그렇지만 당신의 주의가 부드럽게 그 감정으로 옮겨가게 놔두면, 멋진 욕조에 들어가는 것처럼 그 감정에 잠김으로써, 당신은 그 감정 안에서 하느님을 포옹하게 된다. 생각하지 마라. 그저 감정을 느끼기만 하라.

당신이 만일 시각 장애인이었다가 시력을 회복한다면, 가장 추한 것도 아름답게 보일 것이다. 당신이 아무런 감정도 못 느끼다가 갑자기 감정을 경험하게 되면 유쾌하지 못한 감정조차도 감격스러울 것이다. 사실상 어떠한 감정도 우리를 괴롭히지 않는다. 다만 거짓 자아가 괴로움을 준다고 해석할 뿐이다. 감정에 휘둘리면 그것을 완전히 받아들임으로써 점차 해소될 것이다.

그렇게 하려면 '나는 화난다. 공포에 질린다. 몹시 두렵다. 불안해.' 등 먼저 그 감정이 어떤 것인지 알아차려야 한다. 어떠한 감정이든지 유익한 면이 있다. 하느님은 모든 것의 근간이시므로, 어떤 의미에서는 죄책감마저도 하느님을 담고 있다. 만일 당신이 고통스러운 감정을 그것이 무엇이든 간에, 마치 하느님인 양 껴안을 수 있다면 당신은 자신을 하느님과 일치시키는 것이다. 왜냐하면 실재하는 것은 모두 그것의 토대이신 하느님을 담고 있기 때문이다.

'놓아 버림'이란 말은 단순한 용어가 아니다. 당신이 무엇을 놓아 버리려고 하는가에 따라 그것은 아주 미묘하고 중요한 뉘앙스를 띤다. 어떤 생각이 동요를 일으키지 않을 때, 놓아 버림이란 그것에 아무 주의를 기울이지 않는다는 의미다. 생각이 동요를 일으킨다면, 그 생각은 쉽사리 떠나가지 않을 것이고, 당신은 다른 방법을 써서 그것을 떠나보내야 한다. 그렇게 하는 하나의 방법은 하느님에 대한 사랑으로 그 생각에 침잠하여 그것과 하나 되는 것이다. 처음에는 불가능하겠지만, 한 번 해 보고 어떻게 되는지 보라. 향심기도의 으뜸 훈련은 놓아 버리는 훈련이다.

이 다섯 번째 생각에 대하여 말한 바를 요약하면, 향심기도는 향심기도 자체보다 더 큰 실재에 속한다는 것이다. 이는 무의식 차원에서 하느님께 마음을 열어야 하는 통합 과정에 속한다. 이 과정은 역동적 힘을 방출하는데, 이것이 어떤 때는 평화롭지만 어떤 때는 생각과 감정으로 가득 차 있을 것이다. 두 가지 경험 모두 통합과 치유 과정의 일부다. 그러므로 각각의 경험은 똑같이 평화와 감사, 하느님에 대한 신뢰로 받아들여야 한다. 두 가지 모두 변화 과정을 완성하는 데 필요하다.

생각의 포화로 괴롭다면, 거룩한 단어를 마음속으로 분명하게 발음하거나 필사적으로 되뇌어 마음을 안정시키려 할 필요는 없다. 자연스럽게 마음에 떠오르는 생각을 사고하듯이 편하게 그것을 생각해야 한다.

어떠한 생각에도 저항하지 말고, 매달리지 말며, 감정적으로 반응하지 마라. 어떤 생각에 빠져 있다면, 거룩한 단어로 아주 부드럽게 돌아가라. 이렇게 하는 것이 의식의 강을 따라 흘러내려 오는 다섯 종류의 생각에 대처하는 적절한 반응이다.

내가 기도에서 빠져나왔을 때, 울고 있었다. 그러나 슬프지는 않았다. 나는 명상 중 어느 부분에서도 슬픈 느낌은 들지 않았다.

서방 수도 생활의 창시자인 누르시아의 베네딕토 성인이 거의 끊임없이 울었다는 것을 알면 위로를 받을 것이다. 이것이 하느님의 선성에 대한 그 사람 특유의 반응이었다. 이와 비슷하게 우리는 아무 말도 할 수 없고, 아무 생각도 할 수 없고, 아무것도 느낄 수 없는 때가 있다. 유일한 반응은 지극히 선하신 하느님 앞에서 눈물을 흘리는 것이다.

눈물은 슬픔이 아니라 기쁨의 표현일 수도 있다. 또한 다르게 표현할 수 없는 온갖 정서가 방출되는 것을 나타낼 수도 있다. 기도 중에 눈물이 흐르거든 그것을 선물, 하느님의 선성에 대한 반응이라고 생각하라. 이것은 고통스러우면서도 동시에 기쁜 것이다. 기쁨이 너무 크면 고통스러울 수도 있다.

기도 시간 동안에는 체험이나 통찰을 너무 중시하지 않는 것이 좋다. 기도가 끝나면 그것에 대해 생각해도 된다. 그러나 기도 중에 눈물이 흐르거나 입에 미소를 띠었다든가, 눈썹이 씰룩하든가, 가려움과 통증을 느끼게 되면 그것들을 다른 생각과 마찬가지로 여기면서 그 모든 것이 지나가도록 내버려 두라. 그리고 부드럽게 거룩한 단어로 돌아가라.

향심기도는 하느님을 알기 위해 사고에 의존하는 습관을 놓아 버리는 것을 배우는 과정이다. 거기에 이르는 데 방해가 되는 것들은 어떠한 방법으로든지 덜어 내야 한다. 며칠 동안 지속되는 우울감, 생각이나 기분은 우리 영혼이 일생 동안 쌓인 정서적 찌꺼기를 비워 내는 방법이다. 이것이 지나가면 우리 내면의 심리 상태는 훨씬 나아질 것이다. 이것은 마치 메스꺼움을 느끼는 것과 같다. 저녁 식사 때 먹은 것을 토하면 불쾌하겠지만, 토하고 나면 기분이 좋아진다.

물론 기도 시간 내내 육체적 통증이 지속된다면, 실제 어떤 병을 가지고 있을지도 모르니 의사와 상담해야 한다. 그러나 종종 몸속에 뿌리내린 정서적 응어리가 풀어지면서 일시적인 통증이나 눈물, 웃음의 형태로 나타날 수 있다. 무의식 속에 있던 것이 우연히 떠올라 전에는 재미있다고 생각하지 않다가 이제는 재미있게 느낄 수도 있다.

하느님에 대한 신뢰가 깊어지면서, 우리는 각자의 기질에 따라 인격의 어두운 면들을 인정할 수 있게 된다. 유능한 의사라면 환자가 그것들을 마주할 준비가 될 때까지는 고통스러운 깨달음을 주지 않을 것이다. 하느님께서도 마찬가지다. 겸손과 신뢰가 깊어짐에 따라 당신은 인격의 어두운 면을 더 쉽게 인정할 수 있게 된다.

결국 당신은 자신의 인간적 가난과 무력함의 중심에 다다르고, 거기 도착한 것을 행복하게 여기게 된다. 그때 하느님 창조 활동의 자유를 맛보게 되는데, 자신의 인격이나 재능에 대해 이기적이거나 소유하려는 태도를 더 이상 가지지 않기 때문이다. 당신은 완전히 하느님 손에 맡겨진다. 내적 자유가 바로 이 향심기도의 최우선적 목표다. 내적 자유란 당신이 좋아하는 것을 하는 자유가 아니라 하느님께서 원하시는 것을 하는 자유, 즉 당신의 참자아가 되고 그리스도 안에 변화되는 자유다.

고요의 기도에는 치유라는 차원이 있는 것 같다. 적어도 내 경험상 그러하다. 어떤 사람은 치유할 것이 별로 없다. 그러나 큰 상처가 있다면, 고요의 기도는 이러한 상처를 낫게 하는 연고 역할을 하는 것 같다.

그렇다. 그것이 중요한 효과 중 하나다. 십자가의 요한 성인은 내적 침묵이 성령께서 영혼을 은밀하게 도유하시고 가장 깊은 상처를 치유하시는 공간이라고 가르쳤다.

그 치유는 영혼뿐 아니라 신체에도 영향을 미치는가?
정신적 문제에서 비롯된 신체적 질병은 정서 생활에 평화를 가져옴으로써 확실히 치유될 수 있다.

나는 하느님께서 우리가 계속 겸손을 유지할 수 있도록, 우리 안에서 하시는 당신의 일을 우리에게 감추시며, 바오로 사도 몸의 가시 같은 것을 우리에게 남겨 두신다고 여기고 있었다.
향심기도는 분명 사람들을 영광스럽게 하는 것이 아니고, 당신이 언급한 것처럼 그러한 결점들을 잘 견디어 내도록 돕는다. 어떤 사람들이 기도에서 너무 많은 성공을 거두면, 그들이 현실로 되돌아오도록 이따금 끌어내리는 것이 필요할지 모르겠다.

향심기도 방법은 관상 기도로 들어가는 출입구다. 관상 기도 체험을 가지게 되면 그 경험에 대해 말하기가 더욱 어려워지는데, 정신생활의 평범한 체험을 평범한 것으로 여기지 않기 때문이다. 수영장에 비치는 햇살을 상상해 보자. 햇살은 물에 합쳐지지만, 동시에 물과는 뚜렷이 구별되어 있다. 그것들은 다른 곳에서 온다. 마찬가지로 관상 기도에서 하느님 체험은 구분하기가 쉽지 않다. 그것에 대해 말할 수 있는 것이 적을수록, 그것이 현존할 가능성은 더 높다. 그것은 모든 것 안에 그리고 모든 것을 통해 있기 때문에 그것은 현존하면서도 우리의 시야를 벗어난다.

어떤 것이든 시작은 언제나 인상적이지만, 그것에 익숙해지거나 그것이 당신의 일부가 되면, 이를 당연하게 여기기 시작한다. 그래서 처음 시작했을 때와는 달리 정서적 먼지를 더 이상 일으키지 않는다. 영적 여정의 초기에도 이와 같은 일이 생긴다. 향심기도가 관상 기도로 발전하면 그것은 정말 신비로워질 수 있다. 그 체험이 그들에게는 정말로 일어난 일이라는 사실 이외에는 그 체험에 대해 무어라고 말을 할 수가 없다. 당신이나 타인에게 명백하게 보이는, 당신이 말했던 그러한 결점은 타인뿐 아니라 당신 자신에게조차 그 체험을 숨길 수 있는 훌륭한 수단이다. 하느님께서는 당신 친구들의 거룩함을, 특히 그들 자신에게 감추시기를 좋아하신다.

기도 생활에서 성장할 때도, 사람들은 여전히 생각과 관상의 순간이 교차하는 것을 경험하는가?

'변화의 관상'에서 무의식이 하느님의 사랑으로 정화되면서 통합된 인간 본성의 열매들과 그에 기인하는 은총의 자유로운 흐름이 눈에 띄는 태도 변화로 나타날 것이다. 관상 기도에서 우리가 발견하는 일치는 그 시간에만 한정되지는 않을 것이다. 매일의 삶에서 침묵의 순간들이 당신을 차지할 것이다. 현실은 더욱 투명해질 것이며, '신적 원천'은 그것을 통해 빛날 것이다.

무의식에 있는 것이 모두 비워지면, 처음에 지나가던 생각들은 더 이상 존재하지 않을 것이다. 정화 과정이 끝난 셈이다. 그러고 나면 하느님과의 **일치 의식***이 계속되는데, 우리의 의식이나 무의식에 그것을 가로막을 장애물이 더 이상 없기 때문이다. 현실에는 아무런 잘못된 것이 없다. 문제는 우리 안에 있는 장애물로 인해 현실과 적절히 관계 맺지 못하는 우리에게 있다. 모든 장애물이 제거되면, 하느님 현존의 빛이 언제나 우리 영을 비출 것이다. 심지어 우리가 활동에 열중하고 있을 때도 마찬가지다.

아마 관상 기도의 첫 단계는 우리가 일상적 심리 세계와는 독립된 존재임을 깨닫는 것이다. 곧 우리는 육체만도 아니고 생각과 느낌만도 아님을 인식한다. 더 이상 우리가 다른 것은 생각할 수 없을 정도로 외부 대상에 지나치게 동화되는 일이 일어나지 않는다. 우리는 자신의 영적 본성을 인식하게 된다. 우리의 영은 삼위일체께서 머물고 계시는 곳이다. 이러한 깨달음이 다른 모든 현실의 요소로 자리 잡아, 열심히 활동하는 중에도 상황이나 외적 사물 혹은 우리의 감정과 생각에 지배당하는 일이 더 이상 없다.

그러나 나머지 실재와 거리를 두고, 또 독립되어 있다는 체험이 절대적인 독립은 아니다. 그것은 하느님의 모습으로서 우리의 기본적 선성을 확인하는 것일 뿐이다. 더 발전하게 되면 또 다른 자각이 따라온다. 무의식이 치유될 때, 우리 안에 있는 가장 깊은 차원에 대한 인식은 다른 모든 사람 안에 있는 가장 깊은 차원에 대한 인식이기도 하다. 이것이 이웃을 네 몸같이 사랑하라는 계명의 기초다. 당신이 자신을 진정으로 사랑하면, 당신의 참자아가 당신 안에서 자신을 표현하시는 그리스도이심을 인식하게 되고, 더 나아가 다른 모든 이가 이러한 잠재력을 향유하고 있다는 자각을 얻게 된다. 아우구스티노 성인은 이와 관련해서 다음과 같이 말했다.

"자신을 사랑하시는 한 분이신 그리스도."

이것이 성숙한 그리스도교 공동체를 나타내는 좋은 표현이다. 당신보다 더 큰 힘이 모든 것을 주관하신다는 것을 인식하게 된다.

그렇게 되면 모든 것은 그 자체의 아름다움뿐만 아니라 그 원천의 아름다움도 반영하게 된다. 우리는 하느님께서 그 안에 머무르시는 다른 모든 것과 결합하게 된다. 그리스도께서 다른 모든 사람 안에 살아 계신다는 깨달음은 우리가 더 자발적으로 다른 사람에 대한 사랑을 표현할 수 있게 해 준다. 단지 당신이 좋아하거나 좋아하지 않는 사람들의 성격, 인종, 국가, 성별, 신분 혹은 특성을 보는 대신 가장 깊은 것, 즉 그 사람과 그리스도와의 일치 혹은 잠재적 일치를 보게 된다. 모든 이가 절박하게 필요로 하는 것이 무엇인지 파악하기도 한다. 대부분 사람이 지닌 초월 가능성이 실현되기를 기다리고 있다는 사실은 커다란 동정심을 불러일으킨다. 이러한 그리스도 중심적 사랑은 우리를 자신에게서 벗어나게 하여, 새롭게 발견한 독립심을 의존성에 기초하지 않는 새로운 관계에 이르게 한다. 이전의 관계는 대부분 의존성에 바탕을 두고 있었지만, 이제는 우리 관계가 그 관계의 중심인 그리스도에 바탕을 두고 있다. 그것은 매우 자유로운 영으로 타인들을 위해 일할 수 있게 해 주는데, 우리가 더 이상 자신의 자기중심적 목표를 추구하지 않고, 있는 그대로의 현실에 반응하기 때문이다.

하느님의 사랑은 외투를 걸치듯이 걸쳐 입는 태도가 아니다. 오히려 현실에 반응하는 올바른 방법이며, 나 자신을 포함한 모든 존재와 맺는 올바른 관계다. 그리고 그 관계는 첫째로 수용의 관계다. 어느 누구도 자신이 이미 받은 하느님 사랑 이외의 다른 사랑을 가지지는 못한다. 일단 그 사랑을 받아들였다면, 우선 현재에 알맞게 이웃에게 그 사랑을 전달하는 것이 하느님 사랑에 응답하는 방법이다.

하느님과의 일치 상태를 종일 유지하는 것이 향심기도의 목적인가?

그렇다. 그러나 처음에는 그렇게 잘 지속되지 않을 것이다. 나중에 기도가 발전하면서 일상생활에서 더욱 깊은 일치를 이루고 있다는 게 분명해진다. 감각으로 느낄 수 있는 마음의 평정 없이도 하느님과의 일치 안에 있을 수 있다. 하느님 생명의 고차원적인 소통을 위해 신체를 준비하라는 것은 바로 이런 뜻이다. 십자가의 요한 성인에 따르면 육체적 탈혼은 신체의 허약함을 말한다. 하느님의 강력한 소통에 견딜 준비가 되어 있지 않으면, 감각들은 바로 무너져 버리고 혼이 빠져나간다. 이러한 단계를 이미 거친 성숙한 신비가는 신체적 탈혼을 거의 겪지 않는다. 그들은 영적 소통을 신체 상태와 융화시켰고 이제는 신체가 이전처럼 불편을 겪지 않으면서 하느님의 소통을 받아들일 만큼 강해졌다. 하느님과 일치하여 거룩한 삶을 사는 것이 인간적인 평범한 삶을 사는 것처럼 된다.

선禪 수행에서 말하는 '십우도十牛圖'의 열 번째 그림은 완전한 깨달음을 얻은 후 평범한 삶으로 되돌아가는 것을 표상한다. 이는 당신이 출발할 당시의 삶과 현재까지 이루어 온 삶을 구분할 수 없다는 것을 상징한다. 다만 현재의 삶이 평범성 안에 완전한 변화가 이루어졌다는 차이가 있을 뿐이다.

은총의 승리는 사람들이 평범한 삶을 거룩하게 살게 한다. 처음에는 우리가 평정에 몰입하는 순간들이 찾아온다. 이것들이 완전히 통합된 후에는 평정에 몰입되지 않고서도 같은 은총이 주어진다. 우리는 이전에 하느님과 일치했던 정도 혹은 그 이상으로 일상 활동에서도 완전히 자유롭게 활동할 수 있다. 완전한 의미의 지속적인 기도 Continuous prayer[4] 는 우리의 모든 활동 동기가 성령에게서 올 때 가능하다. 그러한 상태에 이르지 못한다면, 우리는 하느님과 일치하기 위한 방법들을 사용해야 한다.

존재와 행위 사이에는 차이가 있는가?

존재와 행위 사이에는 차이가 있다. 일단 우리 존재가 그리스도로 변

---

4 교부 용어. 끊임없이 기도하라는 바오로 사도의 권유에 해당한다. — 역자 주

화되면 이 존재의 내적 변화가 모든 행위를 도유한다. 이것이 마더 데레사 성녀가 지닌 커다란 매력의 신비였을 것이다. 데레사 성녀는 사람들을 매료시켰다. 카메라가 성녀를 따라다닌 것은 육체의 아름다움 때문이 아니라 하느님의 신비스러운 매력을 발산했기 때문이다. 나는 성녀가 그렇게 행동하려고 애쓰지는 않았지만, 존재 자체의 매력으로 그러한 일이 일어났다고 확신한다.

이것이 바로 관상 기도가 이루려 하는 변화의 모습이다. 이보다 낮은 영적 수준에서는 수렁에 빠져들기 쉽다. 앞으로 나아가라는 도전은 항상 다가오고 이 도전을 받아들일 때 다시 여정을 시작하게 된다.

이제까지 영성 생활에서 복되신 동정 마리아만큼 성장한 사람은 없었다. 그 이유는 성모님의 성장을 방해할 내적 장애가 없었기 때문이다. 그분에게 은총 안에서의 성장이란 인간 조건의 한가운데서 끊임없는 시련과 더불어 성장하는 것을 의미했다. 사실 성모님은 가장 모진 시련을 받았다.

변화의 일치를 이루면, 덜 성숙한 그리스도인들이 겪는 것보다 더욱 큰 시련을 감당할 수 있게 된다. 만일 우리가 영적으로 성장하고도 아무것도 하지 않는다면, 그것이 무슨 소용이 있겠는가? 나는 하느님께서 이토록 거룩해진 사람들을 바라보시기만 하진 않으리라고 확신한다. 그분은 그들이 무언가 행하기를 원하신다. 하느님께서 그들을 거짓 자아에서 해방시켜 주셨다면, 여기에는 분명 더 큰 목적이 있을 것이다.

대속적 고통이란 무엇인가?

누군가 내적 부활과 변화의 일치에 이르고, 그들의 정서가 모두 덕으로 변화되어 더 이상 감정적 혼란을 겪지 않게 되었다고 가정하자. 그리스도는 이러한 사람들 안에 놀라운 방식으로 살고 계시며, 그들은 그분과의 영속적 일치를 인식한다. 하느님께서 그들에게 이러한 깨달음의 상태를 버리고 이전에 그들이 감당했던 혹은 그보다 더 나쁜 시련으로 되돌아가라고 요청하신다고 치자. 그들에게 하느님과의 일치는 그대로 남아 있지만, 그들의 영혼 수준에서는 이 일치가 완전히 감추어질 것이다. 이것이 대속적 고통의 한 가지 형태다.

변화의 일치는 이 세상에서 행복으로 가는 공짜 표가 아니다. 어떤 이에게 이것은 외로움으로 가득 찬 완전한 고독의 삶을 의미할 수도 있다. 어떤 이에게는 하느님과의 일치의 기쁨을 누리지 못하게 막는 활동적 사도직을 의미할 수도 있다. 또 어떤 이에게는 어떤 특별 지향이나 혹은 전 인류를 위해 겪는 극심한 신체적, 정신적, 영적 고통을 뜻할 수 있다. 예수님께서 그분의 지존하심으로 과거, 현재, 미래의 모든 인간의 구세주가 되신 것과 같은 이유로, 그들의 변화된 인간성은 그들의 고통을 막대한 가치를 지닌 것으로 만든다.

아기 예수의 데레사 성녀는 마지막 병상에서 그때까지 가장 큰 기쁨이었던 천국에 대해 더 이상 생각할 수 없었다. 그렇지만 성녀가 자신의 심장이 찔리는 고통을 받은 것으로 보아, 변화의 일치에 이르렀음이 분명하다. 어렴풋이 인식했듯이 성녀는 당시의 불신자들을 위해 또 다른 어두운 밤을 지나고 있었다. 데레사 성녀는 인간 지성의 오만함이 절정에 다다랐던 이성주의 시대에 살았다.

그러므로 영적 여정의 가장 큰 시련은 변화의 일치를 이룬 다음에 올지도 모른다. 시련이 일치를 제거하지는 않는다. 그러나 그 일치는 너무도 순수해서 완전 진공을 통과하는 광선처럼 지각되지는 않는다. 이것이 바오로 사도의 말처럼 인간 조건의 결과를 스스로 짊어지려 하느님이시기를 포기한 분, 하느님의 아드님을 본받는 심오한 길이다. 예수님은 우리의 나약함을 체험하고 우리 고통을 당신 것으로 삼으려 아버지와의 유일무이한 일치의 특권을 포기하셨다. 이러한 희생은 하느님과의 일치를 이루고도, 하느님께서 요청하시면 그 상태에서 누리는 모든 기쁨을 하느님께 돌려드리고, 견딜 수 없는 시련에 다시 뛰어드는 사람만이 본받을 수 있다. 이는 많은 신비가와 성인들의 삶에서 명백히 드러난다. 그리고 하느님께서는 당신이 일하시는 방식을 바꾸시지 않을 것이라고 감히 말하고 싶다.

하느님과의 일치는 실제로 어떠한가?

우리가 일단 하느님과 일치를 이루면, 우리 삶은 하느님께서 원하시는 모습대로 된다. 그 삶은 예기치 못한 일들로 가득 차 있다. 일어나리라고 기대하는 일은 일어나지 않는다는 것이 확실하다. 이것만이 당신이 영적 여정에서 확신할 수 있는 유일한 일이다. 당신은 모든 기대를 포기함으로써 '치유의 호수 Medicine Lake'(아메리카 원주민의 용어로 관상 기도를 뜻함)로 인도될 것이다. 모든 사람에게 필요한 약은 관상이며, 그것만이 변화로 이끈다.

관상 기도는 여러 가지 단계와 변천을 거친다. 당신은 혼란에 빠지는 경험을 할지도 모른다. 주님께서는 책이나 사람 혹은 당신 자신의 인내를 통해 도움을 주실 것이다. 때때로 하느님은 당신이 아무 도움도 없이 혼자 남겨지게 하신다. 당신은 불가능한 상황 속에서도 견디며 사는 것을 배워야 할지도 모른다. 불가능한 상황에서 평화롭게 살아갈 수 있는 사람들은 영적 여정에서 상당히 앞서갈 것이다. 당신은 외로움과 실존적 공포에 직면할 수 있다. 이 세상에 당신을 이해하거나 도와줄 사람은 아무도 없고, 하느님께서는 십억 광년이나 멀리 떨어져 계신 것처럼 느껴질지도 모른다. 이 모든 것은 준비 과정에 속한다.

하느님께서는 40배, 60배 정도가 아니라 100배의 결실을 맺도록 우리 영혼의 땅을 일구는 농부와 같으시다. 그것은 땅이 잘 갈려야 함을 뜻한다. 하느님께서는 마치 우리 영혼의 밭으로 트랙터를 몰고 오시어, 한 방향으로, 역방향으로, 그리고 빙빙 돌면서 땅을 고르게 만드신다. 그분은 흙이 고운 모래처럼 될 때까지 거듭 똑같은 일을 계속하신다. 모든 준비가 끝나면 씨가 뿌려진다.

자라나는 나무를 상상해 보자. 처음에는 줄기와 가지가 보인다. 그 후에 잎이 돋는다. 이때 나무는 아름답게 보인다. 이 성장 단계는 당신이 처음으로 내적 침묵에 들어가는 법을 배울 때 생겨나는 즐거움에 비유할 수 있다. 잎이 난 뒤에 꽃이 피는데 이때가 또 다른 깊은 만족의 순간이다.

그러나 꽃은 곧 시들고 땅에 떨어진다. 그 계절이 끝날 무렵에야 열매가 맺히는데, 나무에서 익으려면 시간이 걸린다. 그러므로 나뭇잎이 돋아나고 꽃이 핀다고 이때가 여정의 끝이라고 여기지 마라. 영적 여정은 긴 여행이다.

그뿐만 아니라 당신의 체험이 순환하는 것처럼 보이고, 처음 시작한 곳으로 되돌아가서 아무런 진전도 이루지 못한 것처럼 느낄 수도 있다. 순환이란 나선형 계단을 오르는 것과 같다. 시작한 지점으로 되돌아온 것처럼 보이지만, 실은 더 높은 단계에 올라와 있는 것이다. 태양을 향해 날아오르는 독수리는 수평적 측면에서는 제자리로 계속해서 돌아오지만, 수직적 측면에서는 더 높은 곳에 이른다.

십자가의 요한 성인에 의하면 우리 영혼으로 흘러 들어오는 신성한 빛은 어둠의 빛살이다. 우리가 어두운 방에서 빛을 보는 것은 그곳에 있는 먼지 때문이다. 먼지가 없다면 빛살은 우리 눈에 보이지 않은 채 바로 방을 통과할 것이다. 이것은 관상 기도가 완성된 상태를 상징한다. 그것은 너무 순수해서 받아들이는 사람에게 감지되지 않지만, 그 사람의 점진적인 변화에서 드러난다.

향심기도는 관상 기도에 이르기 위해 우리가 거쳐 가는 학교이며, 이것은 하느님께서 사람들을 당신과의 영속적인 일치로 이끌기 위해 통상적으로 사용하시는 수단이다. 성령께서는 그들이 행하는 모든 일의 동기 혹은 영감이시다.

향심기도 집중 피정

깊은 휴식을
체험하다

　　　　　　　　피정 일정을 계획할 때는 향심기도 시간을 늘릴 수도 있다. 함께 모여 향심기도를 규칙적으로 수련하는 사람들은 일주일에 한 번이나 한 달에 한 번은 기도 시간을 늘리고 싶어 할 수 있다. 기도 시간이나 횟수를 더 늘리면 내적 침묵을 깊이 체험하는 데 도움이 될 것이다.

　다음은 집중 피정 참가자들이 한 말이다. 이들은 20분씩 세 번을 연달아 기도하면서, 그 사이에 5~7분 동안 일렬로 아주 천천히 걸어가는 묵상적 걷기를 했다.

참가자 A　아주 평화로운 체험이었다. 일정한 간격을 두고 세 번 연달아 기도한 것이 더 깊은 평화를 느끼게 했다. 기도 사이 시간에 일어나 주위를 걸을 때도, 기도를 중단하지는 않았다. 기도 형태와 상관없이 함께하는 기도에 대한 깊은 통찰을 얻었다.

답변 사실 앉아서 기도하는 사이 시간에 걷는 것은 내적 침묵을 활동 속에 가져가는 첫 번째 단계다.

참가자 B 아주 평화로웠다. 그러나 세 번의 기도 중에 얼마나 많은 생각을 가졌는지도 알게 되었다. 그것들이 평화를 방해하지는 않았지만, 생각이 얼마나 많았는지 인식한 것이다. 나는 내 몸 전체가 기도에 더욱 깊이 들어가길 원한다는 느낌도 받았다. 시간이 너무나 빨리 지나갔다.

참가자 C 내가 오늘 알게 된 첫 번째 통찰은 공동 기도에 어떤 지원의 요소가 있다는 사실이었다. 나는 약 2년간 향심기도를 혼자서 해 왔고, 어떻게 공동으로 기도할 수 있는지 추측할 수 없었다. 그래서 의심을 품고 있었지만, 오늘 그것이 해소되었다.

참가자 D 첫 번째 기도 중 불안했는데, 세 번째 기도에 도달하자 평화로워졌다. 이는 내가 오랫동안 가졌던 의문에 대한 답이었다. 나는 자주 내 기도 시간이 20~25분 정도로 비교적 짧은 편이라고 생각했다. 그래서 혹시 기도 시간을 늘릴 수 있는지 궁금했다. 나는 이 경험을 통해 기도 사이에 짧은 휴식기를 가지면 기도 시간을 늘릴 수 있음을 알게 되었다.

참가자 E 시간이 너무 빨리 지나갔고, 기도 사이 시간에 걷는 활동이 나를 재충전시켰다. 두 번째 기도에서는 시간이 훨씬 더 빨리 지나갔고 세 번째 기도도 그랬다.

답변 침묵이 깊어질수록 시간이 빨리 지나간다. 시간이 무엇인가? 그것은 지나가는 지각 대상을 측정하는 것에 불과하다. 그러므로 그 대상이 적을수록 시간도 짧아지는 것처럼 보인다. 최소한 시간을 인식하는 일이 줄어든다. 아무것도 지나가지 않으면 시간관념이 전혀 없고, 이때 기도는 한순간에 끝나 버리는 것 같다. 이러한 깊은 기도는 '영원'이 어떠할 것인지 직관하게 한다. 이는 죽음을 미리 보는 것인데, 병적인 의미가 아니라 즐거운 의미의 죽음을 말한다.

참가자 F 처음에 나는 의도적으로 고요해지려고 노력했고, 내 방식대로 그렇게 했다. 그리고 두 번째인가 세 번째 기도 시간 중에 아주 편안함과 조용한 기쁨을 의식하는 경험을 하였다.

참가자 G 처음에는 좀 지루함을 느꼈지만, 오후에는 약간의 진전을 느꼈고 내적 압박 없는 편안한 느낌을 받았다.

답변 충분히 오랜 시간 향심기도를 하면, 당신은 저항하는 것 자체가 피곤해져 결국 당신이 기도 시간에 해야 할 일을 하게 된다. 기도에 몰입하는 것이다. 그러므로 부드럽게 자신을 지치게 하는 일은 유익하다.

참가자 H 세 번째 묵상이 너무 짧게 느껴졌다.

답변 각자의 기질이나 은총에 따라, 혼자서 기도할 때 기도 시간을 늘릴 수 있다. 그렇지만 공동으로 기도할 때는 누구에게나 너무 길거나 너무 짧지 않다고 생각되는 시간으로 하는 것이 좋다. 당신의 모든 기능이 기도에 몰입하여 평온해질 정도는 되어야 한다. 그러나 의지가 약한 사람들이 기도가 끝날 것 같지 않아 다시는 하고 싶다고 낙담할 만큼 기도 시간이 길어서는 안 된다. 관상적 걷기를 끼워 넣어 세 번 연달아 기도하는 것은, 특히 공동으로 기도할 때 우리가 하느님 안에서 오랫동안 쉴 수 있는 능력이 있다는 사실을 가르쳐 준다.

참가자 I 나는 깊은 휴식에 들어서, 잠시나마 내가 자는 건지 어떤 건지 알 수 없었다. 처음에는 세 번의 기도를 연달아 할 수 있는지 자신이 없었다. 하지만 일단 시작하니까 별로 어렵지 않았다. 그런데 나는 아직도 거룩한 단어는 그것을 되풀이하도록 노력해야 하는지, 아니면 놓아 버리도록 노력해야 하는지 잘 모르겠다.

답변 이 기도에서 마음에 새겨 둘 가장 중요한 점은 이 기도에 노력이란 없고, 다만 동의하는 아주 부드러운 활동만이 있다는 것이다. 이는 거의 단어가 스스로 말하게 하는 것과 같다. 당신이 어찌해야 할지 잘 모를 때에는 어떻게 하더라도 좋다. 당신의 경험이 당신에게 가르쳐 줄 것이다. 침묵이 거룩한 단어를 사용하는 것보다 더 낫다는 것을 기억하라. 어쨌든 당신이 거룩한 단어로 돌아올 때는 그것이 자연스럽게 지나가는 생각인 것처럼 가능한 편안하게 떠올려라. 거룩한 단어를 소리 내어 분명하게 발음할 필요는 없다. 거룩한 단어로 돌아간다는 생각만으로도 충분할지 모른다.

참가자 J 오늘 나는 이전보다 거룩한 단어를 덜 사용했다.

답변 상황에 따라서 기도 시간별로 거룩한 단어를 사용하는 정도가 다를 것이다. 그러므로 융통성이 필요하다. 원칙은 더 큰 평화, 침묵 그리고 그 이상으로 나아갈 때까지 그것을 사용한다는 것이다. 그러나 평화와 침묵, 그리고 그 이상에 이르면 거룩한 단어는 잊어버려라.

참가자 K 나는 기도 때마다 점점 더 깊이 들어가는 것을 느꼈다. 그런데 질문이 하나 있다. 나는 매일 아침 향심기도를 하고 나서 미사를 드린다. 그런데 기도에서 빠져나오기가 힘들다. 어떻게 하면 좋은가?

답변 그것은 문제치고 아주 좋은 문제다.

참가자 K   그렇지만 미사 기도문에 대해 생각해야 하는 게 아닌가? 그런데도 나는 향심기도만 하고 있다.

답변   하느님 현존이 당신을 사로잡아서, 미사 집전을 할 수 없다면 당신이 그 현존 속에서 쉬지 않을 이유는 없다. 그런데 당신이 미사에서 어떤 역할을 수행해야 한다면, 예를 들어 주례자라면 물론 그 일을 해야 한다. 당신의 기도가 끝날 때까지 사람들을 기다리게 할 수만은 없기 때문이다.

참가자 K   나는 이 기도를 그 어떤 것보다 더 즐긴다는 것이 문제다.

답변   살다 보면 하느님의 활동이 너무 강력해 저항하기 힘든 때가 있다. 또 어떤 때는 주님께서 당신을 잊고 계시는 것처럼 보이는 때도 있다. 중요한 것은 무엇이 다가오든 받아들이고, 당신에게 일어나는 일과 그분께서 주시는 것은 그것이 무엇이든 적응하는 것이다. 어떤 때는 가깝게, 어떤 때는 멀게 느껴지게 함으로써 하느님은 우리 기능이 모든 감각적 혹은 개념적 경험을 넘어서 하느님 현존을 받아들이도록 훈련시키신다. 하느님 현존은 매우 가깝고 직접적이다. 우리가 평범한 활동을 할 때도 마찬가지다. 믿음이 아주 투명해져서 체험이 필요하지 않을 정도가 되기도 한다. 그러나 그 지점에 도달하기까지는 많은 체험이 필요하다.

향심기도 요약

주님,
당신은 누구십니까?

향심기도는 이전 시대의 가르침을 현대적인 형태로 제시하고 거기에 어떤 질서와 규칙을 부여하고자 한다. 향심기도가 다른 모든 종류의 기도를 대체하려는 것은 아니다. 다만 다른 종류의 기도를 새로운 시각으로 바라보려는 것이다.

기도 시간 동안 우리는 우리 안의 하느님 현존에 동의한다. 기도 이외의 시간에 우리는 주의를 돌려 다른 곳에서 하느님 현존을 찾으려고 한다. 우리가 향심기도를 하는 것은 어떤 특정한 영적 체험을 얻기 위해서가 아니라, 우리 삶 안에서 변화의 효과를 얻기 위함이다.

향심기도는 관상에 대한 장애물을 줄이고 인간 기능을 이 선물과 협력하도록 준비시키는 방법이다. 직관적 지식과 하느님에 대한 사랑으로서의 관상은 '선물gift'이라기보다는 '이미 주어진 것given'이다. 그것은 여전히 선물이기는 하다. 하지만 그것은 세상에 태어나는 모든 사람이 인간

자질의 일부로서 인간을 인간이게 만드는 것, 즉 인간 본질의 일부로서 이미 지니고 있는 선물이다. 이 선물은 우리가 자신의 활동, 즉 훈련이나 금욕, 또는 특별한 생활 양식을 통해 획득하는 것이 아니다.

향심기도는 우리가 자신을 생각하는 혹은 세상을 바라보는 습관적 방식을 고착화하는 일상적 생각의 흐름에서 초연해지는 것을 목적으로 한다. 이는 마치 라디오를 장파에서 단파로 돌리는 것과 같다. 우리가 아주 먼 곳에서 오는 방송을 들으려면 파장을 바꿔야 한다. 이와 마찬가지로 당신의 일상적 사고와 감정의 틀을 놓아 버리면, 새로운 실재의 세계로 자신을 열게 된다.

다음에서 다룰 내용은 대부분 이미 앞에서 다루었지만, 이 기도의 실제적 측면의 핵심을 요약하여 1장을 마무리하는 데 도움을 주고자 한다.

이 기도를 체계적으로 하기 위하여, 고요하게 가만히 앉아 있을 수 있는 편안한 자세를 취하라. 그리고 눈을 감아라. 대개 우리는 우리가 보는 것을 생각하기 때문에 눈을 감으면 이 세상의 절반은 사라진다.

일상적인 생각의 흐름을 늦추기 위하여, 한 가지 생각만 하라. 이러한 목적을 위해 당신이 편하게 느끼는 한 음절 혹은 두 음절의 단어를 선택하라. 당신이 선택하는 이 단어는 향심기도 시간 동안 당신 안의 하느님 현존과 활동에 대해 당신이 동의한다는 상징 혹은 몸짓이다.

어떤 이들에게는 하느님을 그저 사랑하는 마음으로 바라보기만 하는 것이 더 적합할지도 모른다. 어떤 경우든 거룩한 단어를 사용할 때와 같은 절차를 따른다. 이 단어가 거룩한 이유는 그것이 생각과 영상과 정서 너머의 하느님 현존에 동의한다는 지향의 상징이기 때문이다. 이것은 내용이 아니라 지향 때문에 선택하는 것이다.

　기도를 시작할 때, 솜 위에 깃털 하나를 내려놓는 것 같은 부드러움으로 거룩한 단어를 살며시 불러들여라. 거룩한 단어는 계속해서 반복해야 하는 것은 아니다. 그것은 희미해질 수도 있고 단지 의지의 자극제가 될 수도 있고, 심지어 사라질 수도 있다.

　어떤 생각을 생각하고 있거나 그 생각에 빠져 있다는 것을 알아차리면, 당신 지향의 표현으로서 거룩한 단어로 돌아가라. 이 기도의 유효성은 당신이 얼마나 정확하게 혹은 얼마나 자주 거룩한 단어를 되풀이하는가에 달려 있는 것이 아니다. 처음 그것을 얼마나 부드럽게 도입하는지, 그리고 정신적 혹은 감정적으로 어떤 생각에 빠져 있을 때 얼마나 즉각적으로 거룩한 단어로 돌아가는지에 달려 있다.

　생각은 향심기도의 일부로서 그것은 정상적이고, 불가피하며 필수적이다. 우리의 일상적 생각은 강 위에 떠 있는 배들과 같다. 서로 너무 붙어 있어서 그들을 떠받치는 강이 보이지 않을 정도다. 이 기도의 맥락에서 생각이란 의식에 떠오르는 모든 지각을 일컫는데 신체 감각, 감정, 영상, 기억, 계획, 개념, 성찰, 심리적인 깨달음, 또는 영적 체험 등이 여기에 포함된다. 우리는 보통 하나하나의 대상이 연이어 의식의 내적 화면을 지나가는 것을 알아차린다. 우리가 그 흐름에 주의를 기울이지 않으면 배들 사이에 공간이 나타나기 시작한다. 그러면 배들을 받치고 있는 실재가 떠오른다.

향심기도는 당신의 주의를 특정한 것에서 전체적인 것으로, 구체적인 것에서 무형의 것으로 향하게 한다. 처음에는 지나가는 특정한 배에 마음이 사로잡힌다. 그 안에 무엇이 있는지 보는 데 관심을 두게 된다. 그저 그것들이 지나가게 내버려 두라. 당신이 그것들에 흥미를 느끼기 시작했음을 알아차리면, 거룩한 단어로 돌아가라. 이는 당신 안에 현존하시는 하느님에게 당신 전 존재를 선물로 내드리는 것이다.

생각의 다섯 유형

마음이 가라앉기 시작하면 여러 생각이 의식의 강을 따라 내려올 수 있다. 이에 대한 대응은 하나, 거룩한 단어로 부드럽게 돌아가는 것이다.

1. 떠도는 상상

첫 번째 종류의 생각이란 본디 영속적으로 운동하는 상상이 계속 만들어 내는 피상적인 생각을 말한다. 그것들을 그저 받아들이고 신경 쓰지 않는 것이 중요하다.

이는 두 사람이 대화를 나누는 아파트의 창문으로 흘러들어 오는 거리의 소음과 같다. 두 사람은 서로에게 흔들림 없이 주의를 기울이고 있지만, 그 소음을 피할 수는 없다. 그들이 그 소음을 전혀 알아차리지 못할 때도 있고 자동차 경적 소리가 순간적으로 주의를 산만하게 만들 때도 있다. 그저 소음을 견디고 가급적 신경 쓰지 않는 것이 적절한 태도다. 그렇게 함으로써 그들은 상황이 허락하는 한 서로에게 온전히 주의를 기울일 수 있다.

2. 감정적 이끌림을 동반한 생각

두 번째 종류의 생각은 거리에서 발생한 일에 흥미를 느낄 때의 생각과 닮았다. 가령 말다툼이 벌어지면 그것이 호기심을 자극한다. 이런 생각은 반응을 요구한다. 거룩한 단어로 아주 부드럽게 돌아가는 것이 하느님에게 드리던 사랑의 주의를 회복하는 방법이다. 흥미로운 생각에 빠졌다면 짜증 내지 않는 것이 중요하다. 짜증도 하나의 생각이며, 그것은 향심기도에서 계발하는 내적 침묵에서 훨씬 멀어지게 한다.

3. 통찰과 심리적 깨달음

세 번째 종류의 생각은 우리가 깊은 평화와 내적 침묵으로 침잠할 때 일어난다. 우리 마음속 무언가가 낚시를 한다. 눈부신 신학적 통찰이나 놀라운 심리적인 깨달음이라고 여기는 것이 맛있는 미끼처럼 어른거리고 '이 기막힌 통찰을 꼭 기억하도록 잠시 시간을 가져야겠다.' 하고 생각하게 된다. 이런 생각을 기억 속에 새길 만큼 오래 묵인한다면, 깊은 내적 침묵의 물에서 끌려나올 것이다. 즉 생각에 잠김으로써 침묵에서 빠져나오게 된다.

이 기도에서는 근본적인 자기 부정이 필수적이다. 그것은 단순히 기분 전환 체험은 아니다. 물론 그 체험이 부수적인 효과이기는 하다. 그것은 우리가 가장 집착하는 것, 말하자면 우리의 가장 깊은 생각과 감정, 그리고 그것들이 솟아나는 원천인 거짓 자아를 부정하는 것을 내포한다.

이러한 금욕주의는 거짓 자아의 정서 프로그램에 대한 집착의 뿌리로 향한다. 이것은 철저하면서도 기쁨을 주는 자기 부정이다. 자기 부정이 효과를 내기 위해 고통스러울 필요는 없다. 문제는 가장 유용하고 적절한 자기 부정을 어떻게 선택하고 그것을 어떻게 행할 것인가이다.

4. 자기 성찰

깊은 평화에 침잠하여 더 이상 특정 생각을 따라가지 않게 될 때, 지금 일어나는 일을 성찰하려는 욕구가 생길 수 있다. 이렇게 생각할 수도 있다. '드디어 해냈구나!' 또는 '이 느낌은 참 좋다!' 혹은 '원할 때마다 돌아올 수 있게 어떻게 여기에 도달했는지 마음에 새겨둘 수만 있다면!'

이런 예들이 네 번째 종류의 생각이다. 당신은 일어나는 일에 대해 성찰하는 것과 그것을 놓아 버리는 것 사이에서 선택의 기로에 있다. 놓아 버리면 더 깊은 내적 침묵으로 들어간다. 성찰하게 되면 침묵에서 빠져나오고 다시 시작해야 한다. 다시 시작하는 경우가 잦을 것이다.

성찰은 체험에서 한 걸음 뒤로 물러나는 것이다. 그것은 실재를 찍은 사진이다. 체험에 대한 성찰을 시작하면 그 체험은 끝난다. 기쁨을 성찰하는 것은 그것을 소유하려는 시도다. 그러면 기쁨은 사라진다. 향심기도에서 가장 다루기 힘든 것 중 하나는 성찰하려고 하는 타고난 성향이다. 우리는 순수한 기쁨, 순수한 경험, 순수한 인식의 순간을 맛보고 싶어 한다. 깊은 평화와 인식의 순간에 어떻게 거기에 도달했는지 그리하여 어떻게 거기로 돌아올지를 기억하려고 성찰하고 싶어 한다. 이런 유혹을 놓아 버리고 거룩한 단어로 돌아갈 수 있다면 새로운 차원의 자유, 더 정제된 기쁨으로 넘어갈 수 있다.

하느님의 현존은 우리가 숨 쉬는 공기와 같다. 공기는 그것을 소유하려 들거나 그것에 매달리지 않는 한 원하는 대로 다 가질 수 있다. 향심기도는 순수 사랑이신 하느님의 영과 친교를 이루는 것이다. 우리의 소유 본능은 기분 좋은 것에 필사적으로 매달리고 싶어 하는데, 하느님 현존보다 더 기분 좋은 것은 없고 이것은 깊은 안정감과 평온을 가져다준다. 하느님 현존은 탐욕에 반응하지 않는다. 하느님 현존은 우리가 언제든 누릴 수 있도록 온전히 열려 있지만, 우리가 그것을 자유로이 받아들이면서도 소유하려는 마음은 놓아 버리는 조건 하에서만 누릴 수 있다.

이러한 방법의 향심기도는 자기 승복의 수련이다. 이 수련은 많은 실수를 통해 우리가 소유하려 들지 않고 놓아 버리도록 가르쳐 준다. 이 기도에서 지금 일어나는 일에 대해 성찰하는 뿌리 깊은 습관을 극복할 수 있다면, 즉 당신이 평화를 누리기는 하되 평화를 누리는 것을 생각하지만 않는다면, 당신은 이미 이 기도 방법을 배운 것이다.

5. 내면의 정화

사고활동을 의도적으로 초월하고자 하는 모든 유형의 묵상이나 기도는 내면 정화의 역동적 움직임을 가동시킨다. 이 역동적 움직임은 하느님께서 행하시는 심리 치료다. 그것은 우리 육체 기관에 깊이 뿌리박힌 긴장을 향심기도 중에 절로 솟아나는 생각의 형태로 방출하게 해 준다. 대개 이 치료에서 나오는 생각들은 그것들이 어디서, 그리고 왜 오는지 우리가 알지 못하는 채 떠오른다. 그 생각들은 대단한 힘과 감정을 실은 채로 나타난다. 예를 들어 우리는 최근에 일어난 일과 아무런 상관없는 격한 분노나 슬픔 또는 두려움을 느낄 수도 있다. 거룩한 단어로 돌아가는 것이 거의 불가능할 수도 있다. 태풍 속의 부표처럼 내적 혼란의 풍랑에 휘말려 들어가 있는 것 같다.

이 과정을 통해 살면서 얻게 된 소화되지 않은 심리적 문제들이 점차 비워지고, 어린 시절 본능적 욕구에 근거한 행복 프로그램에 감정적으로 몰입하던 습관이 무너진다. 이러한 생각을 다시 무의식 속으로 억압하지 않는 것이 중요하다. 그저 그 생각들이 우리 인식을 통과하도록 놔두고, 그것들을 받아들이고, 그것들을 놓아 버리는 것이 치유 과정의 중요한 부분이다.

일단 당신이 이 생각들이 불가피한 것일 뿐만 아니라, 하느님께서 시작하신 성장과 치유 과정의 필수적 부분이라는 사실을 이해하면, 이런 종류의 생각에 대해 긍정적인 시각을 가질 수 있을 것이다. 그것들을 괴로운 분심으로 보는 대신, 내적 침묵과 생각을 모두 포함하는 **신적 치유*** 라는 더 넓은 시각으로 보게 된다. 당신이 원하지 않았어도, 이 생각들은 깊은 평정의 순간만큼이나 정화를 위해 귀중한 것이다.

하느님 안에서 쉼

고요 속에 머물고 더 깊이 들어가면, 거룩한 단어가 완전히 사라지고 어떠한 생각도 인식하지 못하는 곳에 도달할 수 있다. 이것은 종종 의식의 정지 혹은 텅 빈 공간처럼 체험된다. 그 다음에 깨닫는 것은 '내가 어디에 있었나? 거룩한 단어도 없었고 생각도 없었어.'라는 생각이다.

혹은 시간 바깥의 공간을 체험할 수도 있다. 시간은 운동의 척도다. 일상적 생각의 흐름이 줄어들어 이어지는 생각이 거의 혹은 완전히 없어지는 지점에 이르면, 기도 시간은 눈 깜박할 사이에 지나간다.

하느님 안에서 쉬는 내적 침묵의 체험은 생각과 영상과 감정 너머에 있다. 이러한 깨달음은 당신 존재의 핵심은 영원불멸하며 당신이 한 인간으로서 하느님에게 사랑과 생명을 나누어 받았다는 점을 가르쳐 준다. 많은 사람이 기도 중에 내적 침묵을 분명히 체험한다. 어떤 사람들은 고요와 평정 속에 있으면서, 동시에 드문드문 생각이 일어나는 현상을 체험한다. 그러나 그러한 체험을 거의 하지 않는 사람들도 있다. 내적 침묵이 어떠한 형태로 혹은 어떠한 정도로 일어나든, 그것은 수용의 대상이지 욕구의 대상은 아니다. 욕구를 느끼는 그 자체가 생각이기 때문이다.

결론

향심기도 중에 일어나는 모든 것을 평화롭고 감사하는 마음으로 받아들이고, 거기에 대해 어떠한 판단도 하지 마라. 비록 압도적인 하느님 체험을 하게 되더라도, 이 시간은 그것을 생각하는 시간이 아니다. 여러 가지 생각들이 오가게 내버려 두라.

향심기도에서 그것들을 다루는 기본 원칙은 다음과 같다. 어떠한 생각에도 저항하지 말고, 어떠한 생각도 간직하지 말며, 어떠한 생각에도 감정적으로 대응하지 마라. 어떤 영상이나 느낌, 성찰, 체험이 당신의 주의를 끌면, 거룩한 단어로 돌아가라.

얼마나 많은 생각이 떠오르는지 혹은 얼마나 많은 평화를 누리는지를 토대로 향심기도를 판단하지 마라. 이 기도를 판단하는 유일한 기준은 장기적으로 맺는 열매들, 곧 일상생활에서 더 큰 평화와 겸손과 사랑을 누리는지 여부다. 깊은 내적 침묵에 이르면 사회적 지위, 인종, 국적, 종교, 성격 등의 피상적 측면을 넘어 타인과 관계 맺기 시작한다.

이런 식으로 하느님을 알면 모든 실재를 새로운 차원으로 인지하게 된다. 향심기도의 성숙한 열매는 하느님에 대한 생각만이 아니라 모든 것 안에, 모든 것을 통해, 모든 것 너머에 계시는 하느님의 영속적 현존에 대한 자연스러운 깨달음을 단조로운 일상 속에 가져가는 것이다. 존재하시는 분, 무한하고 알 수 없으며, 감히 입에 올릴 수 없는 분은 순수한 믿음의 하느님이시다. 이 기도에서 우리는 인간의 가장 근본적인 질문, "주님, 당신은 누구십니까?"라는 질문에 마주하고, 답을 기다린다.

향심기도에 대한 단상

우리를
이끄시는 힘

　우리 몸이 자리를 잡으면서 기도는 시작된다. 긴장을 풀고 고요하게 하라. 그러나 내적으로는 깨어 있어라.
　기도의 뿌리는 내적 침묵이다. 우리는 기도가 생각과 느낌을 말로 표현한 것이라고 생각할지도 모른다. 그러나 이것은 한 가지 표현일 뿐이다. 깊은 기도는 생각을 옆으로 제쳐 두는 것이다. 이것은 말과 생각과 정서를 넘어서 절대 신비이신 하느님에게 정신과 마음, 육신과 느낌 등 우리 전 존재를 열어 드리는 것이다. 우리는 그것들에 저항하거나 그것들을 억압하지 않는다. 우리는 그것들을 있는 그대로 받아들이고 그것들을 넘어서는데, 이는 노력에 의해서가 아니라 단지 그것들이 지나가도록 놓아둠으로써 이루어진다.
　우리는 우리 안에 숨결보다 가깝고, 생각보다 가까우며, 선택보다 가깝고, 의식 그 자체보다 가까이 계심을 믿음으로 알고 있는 그 절대 신비에게 인식을 열어 드린다. 절대 신비는 우리 존재가 뿌리내리고 있는 바탕이며 매 순간 우리의 생명이 솟는 원천이시다.

우리는 전 존재를 완전히 열어 놓고, 깊은 기도 중에 지금 온전히 현존한다. 과거와 미래, 즉 시간 자체는 망각된다. 우리는 여기 절대 신비의 현존 안에 있다. 우리가 숨 쉬는 공기와 같이 하느님 현존은 우리 주변에 계시고, 우리 안에 계시며, 우리와 구별되면서도 결코 우리와 분리되지 않는다. 우리는 이 현존이 마치 우리의 영을 어루만지고 껴안듯이 우리 안에서 우리를 끌어내신다고, 혹은 우리 자신을 초월하여 순수 인식 안으로 우리를 데려가신다고 감지할 수도 있다.

우리는 내적 침묵과 고요, 평화로 이끄시는 힘에 승복한다. 그 어떤 것도 느끼거나 성찰하려고 노력하지 않는다. 애쓰지 않으면서 다른 모든 것을 떠나보내며, 이 현존 안에 잠겨 든다. 사랑만이 말하게 하라. 그 현존과 하나 되고, 자기를 잊으며, 절대 신비 안에 쉬려는 단순한 열망만이 말하게 하라.

이 현존은 엄청나면서도 소박하고, 두려움을 자아내면서도 온화하고, 무한하면서도 친밀하고, 부드러우면서도 개인적이다. 하느님께서 나를 아신다는 것을 안다. 이 현존 안에서 내 삶의 모든 것이 투명하게 드러난다. 하느님의 현존은 나에 관한 모든 것, 즉 나의 나약함과 부서진 마음과 죄를 알면서도 무한히 나를 사랑하신다. 이 현존은 단지 그 현존만으로도 치유하고, 힘을 주며, 새롭게 한다. 하느님은 판단하지 않고 자신을 내어 주며 대가를 바라지 않고 무한히 자비로우시다. 이는 떠나지 말았어야 할 곳, 늘 있었으나 알아채지 못했던 '인식'으로 돌아오는 것과 같다. 이 인식을 강요하거나 불러일으킬 수 없다. 문은 내 안에서 열리되, 반대편에서 열린다. 이처럼 감싸는 듯 스며드는 현존의 신비로운 감미를 맛본 적이 있는 것 같다. 이것은 텅 빈 충만이다.

   우리는 인내하며 기다린다. 침묵 속에서 열린 마음으로, 고요히 주의를 기울이며, 내적으로나 외적으로 흔들림 없이 기다린다. 멈추고, 사랑받고, 그저 존재하도록 우리를 이끄시는 힘에 승복한다.

2장

순수한

믿음을 향한

여정

향심기도에 대한 선입견과 오해

하느님의
뜻을
식별한다는 것

사람들이 관상 기도에 관해 잘못 알고 있는 정보가 많다. 향심기도는 관상을 위해 우리 기능을 준비하는 방식 혹은 그 준비 과정이기 때문에, 그것 역시 잘못된 개념으로 오해를 받는다. 그러므로 향심기도에 대한 오해를 살펴보면 향심기도가 무엇인지에 관한 시각을 지니는 데 도움이 될 것이다.

1. 향심기도는 긴장 이완 훈련이 아니다

향심기도가 긴장 이완을 가져다줄 수는 있지만, 이는 부수적인 효과일 뿐이다. 향심기도는 일차적으로 관계성, 즉 지향성을 갖는다. 또한 기술이 아니라, 기도다.

전례에서 "기도합시다."라는 말은 "하느님과의 관계 속으로 들어갑시다." 혹은 "하느님과 우리의 관계를 심화시킵시다." 혹은 "하느님과의 관계를 실행합시다."를 의미한다. 향심기도는 하느님과 우리 사이의 발전하는 관계를 순수한 믿음의 차원으로 옮겨 주는 방법이다. 순수한 믿음이란 추리적 묵상과 특정 행위의 이성적 차원에서 우리 존재의 직관적 차원으로 넘어가는 것이다. 향심기도는 환각제 주입으로 얻는 환각 상태를 유발하려는 것이 아니며, 자기 최면도 아니다.

2. 향심기도는 바오로 사도가 코린토 신자들에게 보낸 첫째 서간 12장에 나열한 은사들과 같은 것이 아니다(이 은사는 오늘날 재조명되고 있다)

이 은사들은 공동체의 성장을 위한 것이다. 한 사람이 관상가인 동시에 은사를 지녔을 수도 있다. 또 어떤 사람은 관상가가 아니면서도 하나 혹은 그 이상의 은사를 가질 수도 있을 것이다. 다시 말해 이 둘 사이에 필연적인 관계가 있는 것은 아니다.

향심기도는 믿음, 희망, 사랑의 성장에 달려 있으며, 영혼의 실체와 그 기능들의 정화, 치유 및 성화와 관련된다. 코린토 신자들에게 보낸 첫째 서간 12장에 열거된 은사들은 영적 여정에서 진보하지 않은 사람에게도 주어질 수 있다. 신령한 언어의 은사는 일차적으로 개인 성화를 위해 주어지는 선물일 것이다. 그 은사는 관상 기도에 대한 일종의 서곡이라 할 수 있는데, 이는 신령한 언어로 기도할 때 자신이 무슨 말을 하고 있는지 모르기 때문이다.

신령한 언어의 은사를 제외하면, 위에 언급된 은사들은 분명 타인의 유익을 위해 주어진다. 여기에는 신령한 언어의 해석, 예언, 치유, 지도,

지혜의 말씀, 가르침 등이 포함된다. 예언의 은사가 전혀 거룩하지 않은 사람에게 주어질 수도 있다. 전형적인 예가 발람 예언자다. 그는 하느님께서 명하신 말씀 대신 임금이 듣기 원하는 것을 예언했다. 구약 시대에는 가짜 예언자들이 많았다.

따라서 위의 은사들이 그 사람의 성덕이나 진보된 기도 단계를 나타내는 지표는 아니다. 은사에 집착하면 오히려 영적 성장에 방해가 된다. 만약 은사를 받게 되면, 이를 우리의 영적 여정에 잘 통합시켜야 한다. 이러한 은사가 없다고 해서 자신이 진보하지 않는다고 생각할 이유는 없다. 변화 과정은 믿음과 희망과 사랑의 성장에 달려 있다. 관상 기도는 그 성장의 열매이며 그 성장을 진전시킨다.

이제 성령 기도 모임이 성령과의 관계 안에서 새로운 차원으로 나아가려면, 성령 쇄신 운동에서 관상 기도에 대한 교회의 전통적 가르침이 필요하다. 어떤 모임들은 이미 기도 모임에 침묵 시간을 도입했다. 이런 방식으로 하는 기도는 내적 침묵과 관상 수련 속에 기반을 확립하게 된다. 만일 이러한 발전이 이루어지지 않으면 그 모임은 침체될 수도 있다.

3. 향심기도는 초심리 현상이 아니다

예지, 멀리서 일어나는 사건에 대한 인식, 심박과 호흡 등 신체적 활동의 조절, 유체 이탈, 공중 부양이나 기타 비상한 감각적 현상 혹은 심령 현상 등이 아니다. 의식의 심령 차원은 이성적 단계를 넘어선 차원으로, 오늘날 인간 발달의 목표점이 바로 이것이다.

어쨌든 심령 현상은 케이크 위에 얹는 장식 크림과 같은데, 우리는 장식만으로 살아갈 수가 없다. 그러므로 우리는 심령 능력의 선물을 과대평가하거나, 성덕이 비상한 심령 현상에서 드러난다고 생각해서는 안 된다. 몇몇 성인들의 삶에서 나타난 공중 부양, 말씀, 그리고 여러 가지 시현 등의 현상은 비상한 관심을 불러일으키기도 했다. 예를 들어 예수의 데레사 성녀와 십자가의 요한 성인이 이러한 체험들을 했다. 그리스도교 전통에서는 비상한 선물을 받게 되면 겸손해지기 어렵기 때문에 가능한 한 이러한 선물을 피하라고 권한다. 그 선물이 특별할수록 그것에서 초연해지기 어려울지도 모른다. 특히 이 선물이 다른 사람들 눈에 잘 뜨일수록 하느님께서 자신에게 특별한 선물을 주셨다는 사실에 은근히 만족을 느끼기가 쉽다.

비상한 생리적 혹은 심령 능력은 인간의 타고난 능력이지만 특정한 훈련을 통해 계발될 수 있다. 그러나 그것들은 성덕이나 하느님과의 관계에 따른 영적 성장과는 아무런 관련이 없다. 그것들을 대단한 영적 발달의 표지로 보는 것은 잘못이다.

4. 향심기도는 신비 현상이 아니다

신비 현상이라고 하면 하느님의 특별한 은총이 영혼 안에 이루시는 업적인 한에서 육체적 **황홀경***, 외적 혹은 내적 환시, 밖에서 들려오는 말씀, 상상 속에 들려오거나 사람의 영에 새겨진 말씀 등을 말한다. 《가르멜의 산길》에서 십자가의 요한 성인은 가장 외적인 것에서 가장 내적인 것에 이르기까지 가능한 모든 영적 현상을 살펴보면서 제자들에게 그 모든 것을 거부하라고 명한다. 그에 따르면 순수한 믿음만이 하느님과 일치를 이루기 위한 지름길이다.

외적 환시나 음성은 잘못 알아들을 수 있다. 성인들조차도 하느님께서 하신 말씀을 잘못 이해하기도 했다. 지성으로 알아듣는 하느님과의 소통은 받아들이는 사람의 영혼과 문화적 조건을 통해 걸러지기 마련이다. 이 길로 인도되는 사람들에게는, 그러한 소통이 약 80%는 믿을만하고 약 20%는 믿을 만하지 못하다. 특정한 하느님의 말씀이 어디에 속하는지(80%에 속하는지, 20%에 속하는지) 결코 알아낼 수 없기 때문에, 만일 누가 분별없이 이 말씀을 따르면 여러 문제에 빠질 수 있다.

개인에게 주어지는 특정 말씀이 정말로 하느님에게서 오고 있다는 보증은 없다. 만일 그 말씀이 하느님에게서 왔다 하더라도, 그것은 그 사람의 상상과 선입견, 정서 프로그램에 의해 어느 정도 왜곡되는 것이 거의 확실하다.

전형적인 예로, 자신이 순교자적 죽음을 맞을 것이라고 하느님께서 약속하셨다는 어느 성녀의 이야기를 든다. 성녀는 정말로 성인다운 죽음을 맞이하였지만, 침상에서 죽었다. 그 성녀는 침대에 누워 죽어 가면서 "하느님께서는 당신 약속에 충실한 분이신가?" 하고 생각하는 유혹에 빠졌다. 물론 하느님은 당신 약속에 충실하시다. 그러나 하느님이 우리 상상이나 이성의 수준에서 의사를 전달하실 때 그분께서는 우리가 그 말씀을 제대로 이해한다고 보증하지는 않으신다. 하느님은 그 성녀가 피의 순교와 같은 정도의 사랑을 가지고 죽을 것이라는 뜻으로 말씀하셨는지도 모른다. 그 성녀의 양심의 순교가 하느님 눈에는 피의 순교와 똑같은 것이었다.

하느님께서는 당신 메시지에 대한 자구적 해석에 얽매이시지 않는다. 우리가 말씀 내용을 글자 그대로 받아들이고, 심지어 하늘에서 들려오는 것처럼 여겨지는 소리가 우리에게 그렇게 하도록 지시할 때조차도, 우리는 자신을 기만할 소지가 충분히 있다. 우리가 거룩한 단어로 돌아가기만 하면, 많은 어려움을 덜게 될 것이다.

이는 시현들이 우리 삶에 아무런 의미도 없다는 말이 아니다. 십자가의 요한 성인이 가르치듯이, 진정으로 하느님에게서 오는 말씀이라면 그 목적을 즉각 성취하게 된다. 그에 대한 성찰은 원래의 명료함을 흐림으로써 그것을 더 좋게 만드는 것이 아니라 종종 그것을 왜곡시킨다. 그러므로 우리는 영적 지도자와 상의해서 그것을 너무 심각하게 다루거나, 너무 가볍게 다루지 않도록 해야 한다. 무언가를 하라는 하느님 말씀을 듣는다면, 경험 있는 영적 지도자와 그 문제를 신중히 식별하기 전에는 아무것도 하지 않는 것이 특히 중요하다.

환시나 음성 혹은 추론 과정보다 기도 중에 성령께서 부여하시는 내적 인상(우리는 이 내적 인상에 부드럽게 그러나 끊임없이 마음이 기울어진다)이 훨씬 더 믿을만하다. 그 사안이 중요할수록 우리는 건전한 판단에 더 귀를 기울이고 영적 지도자에게 자문을 구해야 한다. 하느님의 뜻을 식별한다는 것이 언제나 쉬운 일은 아니다. 우리는 하느님 뜻을 나타내는 모든 표지를 관찰한 다음에 결정을 내려야 한다. 하느님의 뜻이 확실한지 알아내기 위해 노력하는 동안, 그분 뜻을 알아내는 것을 방해하는 우리 안의 결함이 무엇인지를 더욱 분명하게 깨닫게 된다.

이제 신비적 은총의 문제를 살펴보자. 이것들은 향심기도 시간에 이따금씩 일어날 수 있다. 그런데 이 문제가 늘 혹은 매우 자주 일어난다면 십자가의 요한 성인이 이해했듯이, 그것들은 향심기도에서 관상으로 넘어간다는 것을 나타낸다. 신비적 은총이란 우리 기능 안으로 혹은 어두운 밤의 정화 도중에 일어나는 하느님 현존의 부재 속으로 하느님 현존이 흘러들어 오는 것을 말한다. **신비적 기도***의 단계에 관해서는 예수의 데레사 성녀와 십자가의 요한 성인이 잘 설명하였다. 여기에는 주입된 평정, 고요의 기도, 일치의 기도, 온전한 일치의 기도, 어두운 밤, 그리고 변화의 일치 등이 포함된다. 나는 '관상'이라는 용어와 '신비주의'라는 용어를 같은 뜻으로 사용한다.

방금 기술한 신비적 은총의 체험을 거치지 않고도 변화의 일치에 도달하는 것이 가능하겠는가? 이것이 몇 년간 나를 궁금하게 했던 질문이었다. 왜냐하면 일반적으로 하느님 은총이 유입되는 체험으로서의 관상이 관상 기도 선물의 필수적 표지라고 여겨졌기 때문이다. 그런데 나는 영적 여정을 상당히 앞서 나가면서도, 몸으로 느끼는 하느님 체험의 은총을 전혀 얻지 못했다고 말하는 사람들을 계속해서 만나게 되었다.

어떤 사람들은 관상가가 되기 위해 수도원에서 30~40년을 살고도 때때로 자신의 삶이 엄청난 실패였다고 생각하기도 한다. 그들은 60~70대가 되어서, 그러한 체험을 전혀 갖지 못했다는 이유로 자신들이 분명 무언가 잘못했다고 믿어 버리고 만다. 이들은 그리스도를 섬기는 데 자신의 전 생애를 바치고서도 최소한의 신비적 은총을 받았다는 내적 확신을 갖지 못했다.

나는 이 사람들의 체험을 들으면서 처음 몇 번은 그들이 신비 기도에 관하여 올바른 교육을 받은 적이 없거나, 수도 생활 초기에 신비 기도 체험을 하고서도 그것에 대해 잊어버렸거나 거기에 익숙해진 것일 거라고 생각했다. 그렇지만 그 후 마음을 바꾸었다. 나는 관상 기도의 체험을 관상 기도 자체와 동일시해서는 안 된다고 확신한다. 관상 기도 그 자체는 발산되는 혹은 흘러들어 오는 하느님 현존에 대한 느낌을 초월한다.

나는 루스 버로우스라는 한 가르멜 수녀가 나의 경험을 분명하게 설명해 놓은 것을 보고 기뻤다. 《신비적 기도의 지침 Guidelines for Mystical Prayer》라는 책에서 그 수녀는 밝은 신비주의와 어두운 신비주의를 구별하도록 제안한다. 이것은 많은 사람에게 그들이 최종 변화에 이를 때까지, 그들의 관상 여정 전체가 어떻게 완전히 숨겨지는지 그 과정을 설명해 준다.

그 수녀에게는 두 친구가 있었다. 하나는 활동 수도원에서 환희에 찬 신비 생활을 하였고, 다른 수녀는 봉쇄 수도원에서 관상 기도 체험을 하지 못했다. 결국은 둘 다 변화의 일치에 이르렀다. 루스 버로우스는 신비적 은총이란 특정 신비가들이 영성의 길을 설명하기 위해 받은 은사라고 추론하였다. 이 가설은 신비주의의 핵심이 순수한 믿음의 길이라는 가정에 바탕을 둔다.

십자가의 요한 성인에 따르면, 순수한 믿음이란 영혼을 비추는 어둠의 빛살이다. 인간에게는 그것을 감지할 수 있는 기능이 없다. 인간이 이러한 체험을 하는 것은 자신의 감지 능력에 의한 것이 아니다. 삶에서 맺어지는 열매를 보고 그 존재를 깨달을 수 있을 뿐이다. 하느님께서는 그 같은 어둠의 빛을 전혀 의식하지 못하면서도 기도에 충실한 사람에게 그 빛을 비춰 주실 수 있다. 어쨌든 나의 경험으로는 가장 환희적인 신비 생활을 하는 사람들은 대개 결혼을 했거나 활동적인 직무에 종사하는 사람들이다.

　관상 기도의 핵심은 무엇인가? 순수한 믿음의 길이다. 그 외에는 아무것도 아니다. 당신이 그 사실을 꼭 느낄 필요는 없지만, 그것에 다가가기 위해서는 자신을 준비시켜야 한다. 향심기도 수련이 그렇게 하는 한 가지 방법이다.

관상 기도의 역사   영성의 길

                 그리스도교 역사에서 15세기까지는 관상에 대한 긍정적인 태도가 자리 잡고 있었다. 그러나 16세기부터 그에 대한 부정적인 태도가 우세하게 되었다. 이러한 종교적 경험과 관련하여 오늘날 교회가 처한 상황을 이해하는 데는 관상 기도의 역사를 개관해 보는 것이 도움이 될 것이다.

   관상이라는 말은 지난 수 세기에 걸쳐 여러 의미를 얻어 그 의미가 매우 모호해졌다. 그리스어 성경은 히브리어 다아트da'ath를 그노시스gnosis라는 단어로 옮김으로써 하느님에 대한 경험적 지식의 측면을 부각시켰다. 다아트는 훨씬 강렬한 용어로 정신뿐 아니라 전 인격이 개입된 내밀한 지식을 의미한다.

   바오로 사도는 서간에서 하느님을 사랑하는 사람들만 가지는 하느님에 대한 지식을 표현하기 위해 그노시스라는 단어를 사용했다. 바오로

사도는 이 내밀한 지식이 그리스도교적 삶의 완성에 필수 요소인 듯이 제자들에게 그것을 갖추도록 끊임없이 요청하고 기도했다.

그리스 교부들, 특히 알렉산드리아의 클레멘스, 오리게네스, 니사의 그레고리오 등은 신플라톤주의에서 테오리아theoria라는 용어를 빌려 왔다. 이 용어는 원래 지성으로 진리를 바라보는 것[5]을 뜻했는데, 그리스 철학자들은 테오리아를 지혜로운 사람의 최고의 활동으로 간주했다. 교부들은 이 전문 용어에 사랑을 통해 얻는 경험적 지식을 뜻하는 히브리어 다아트의 의미를 추가했다. 그리스도교 전통 안에서 테오리아가 이처럼 확장된 의미로 이해되면서, 이 용어는 라틴어 콘템플라시오contemplatio로 번역되고 전달되었다.

이러한 전통은 6세기 말경, 대 그레고리오 성인에 의하여 관상은 '사랑으로 충만한 하느님 지식'이라고 요약되었다. 그레고리오 성인에게 관상은 성경의 하느님 말씀을 사색함으로써 맺을 수 있는 열매이면서 하느님의 선물이다. 그것은 하느님 안에서 쉼이다. 이러한 쉼 혹은 고요 속에서 정신과 마음은 하느님을 적극적으로 찾아 나서지 않는다. 대신 그때까지 찾던 것을 맛보고 체험하기 시작한다. 이로써 평정의 상태, 깊은 내적 평화에 접어든다. 이 상태는 모든 활동이 정지된 상태가 아니다. 의지적으로 하느님에게 주의를 기울이려는 노력과 하느님 현존에 대한 사랑의 체험이 어우러진 것이다.

---

5 테오레오theoreo는 '보다'를 의미함. — 역자 주

하느님 현존의 친밀한 체험에 근거한 하느님에 대한 지식이라는 관상의 의미는 중세 말까지 그대로 유지되었다. 금욕 훈련은 모든 영성 수련의 올바른 목표로서 언제나 관상을 향했다.

초기 그리스도교 시대의 몇 세기 동안 평신도와 수도자들에게는 렉시오 디비나lectio divina가 권장되었다. 이는 글자 그대로 '거룩한 독서'라고 불렸는데, 이 수련은 성경 읽기, 더 정확히 말해 성경 경청을 의미한다. 수도자들은 성경 본문의 말씀들을 암송함으로써 몸 자체가 이 수련 과정에 참여하도록 했다. 그들은 거룩한 독서를 통해 더 깊은 내면에서 하느님의 말씀을 경청하는 능력을 계발하려고 노력했다. 그들에게 기도란 성경을 통해 말씀을 듣고 전례 안에서 찬양을 드리는 하느님을 향한 응답이었다.

성경 말씀을 깊이 생각하는 사색의 부분을 메디타시오meditatio, '묵상'이라 불렀다. 사색에 응하는 의지의 자발적 움직임은 오라시오oratio, '정감적 기도'라 했다. 이러한 사색과 의지의 활동이 통합되면서, 하느님 현존 안에 쉬는 상태로 옮겨 가는데 이것이 콘템플라시오, '관상'이다.

이 세 가지 행위, 즉 묵상과 응답과 관상이 같은 기도 시간에 나타날 수도 있다. 그것들은 직물을 짜는 것처럼 서로 맞물려 있었다. 야곱의 사다리를 오르내리는 천사들처럼 사람의 주의는 의식의 사다리를 오르내릴 것으로 여겨졌다. 그들은 때로는 입술로, 때로는 생각으로, 때로는 의지의 행위로, 또 때로는 관상에 대한 몰입으로 주님을 찬미하였다. 관상은 하느님 말씀을 경청하면서 발전하는 정상적 결과로 여겨졌다. 하느님께 다가가는 것은 추리적 묵상, 정감적 기도, 관상으로 세분되지는 않았다. 대개 이 세 가지 범주를 모두 지칭하는 정신 기도mental prayer라는 용어는 16세기 이전의 그리스도교 전통에는 존재하지 않았다.

12세기경부터 종교적 사조에 괄목할 만한 발전이 이루어졌다. 신학대학들이 설립된 것이다. 이로 인해 개념들, 유類와 종種의 구분, 정의와 분류 등에 관한 정밀한 분석이 생겨났다. 이러한 분석 능력의 증대는 인간의 정신이 크게 발달했음을 의미한다. 그러나 안타깝게도 신학에서 분석에 대한 열정이 기도 수련에 옮겨져, '거룩한 독서'에 기초를 둔 중세의 자발적인 기도와 관상 기도도 종말을 고하게 되었다. 클레르보의 베르나르도 성인, 성 빅토르의 리처드와 휴, 생 티에리의 기욤 등과 같은 12세기의 영성 대가들은 기도와 관상에 대한 신학적 이해를 발전시켰다. 13세기에는 이들의 가르침에 기초한 묵상법들이 프란치스코 수도회에 의해 대중화되었다.

14세기와 15세기에 흑사병과 100년 전쟁으로 도시와 마을, 수도 공동체에 수많은 사람이 죽어 갔으며, 유명론과 대분열이 일어나 도덕과 영성에 전반적인 몰락을 가져왔다. 데보시오 모데르나Devotio Moderna라고 불리는 쇄신 운동이 1380년경 북해의 저지대에서 일어나, 개혁에 대한 요구에 따라 이탈리아, 프랑스, 스페인으로 번져 갔다. 모든 수도 기관과 조직이 휘청거리던 시기에 데보시오 모데르나 운동은 기도에서 나오는 도덕적 힘을 자기 수련의 수단으로 이용하고자 하였다.

15세기 말경에는 소위 정신 기도법이 다듬어졌고, 시간이 흐를수록 점점 더 체계화되었다. 그러나 이 체계적인 기도법이 확산되는 동안에도 관상 기도는 여전히 영성 수련의 최종 목표로 제시되었다.

16세기를 거치면서 정신 기도는 생각을 주로 하는 추리적 묵상, 의지의 행위를 중점적으로 하는 정감적 기도, 하느님에게서 주입된 은총이 우세한 관상으로 구분되었다. 추리적 묵상과 정감적 기도와 관상은 이제 더 이상 하나의 기도 속에서 발견되는 다른 행위가 아니라, 각각 다른 목표와 방법과 목적을 갖는 별개의 기도 형태가 되었다.

이처럼 기도의 과정이 완전히 분리된 개별 단위로 나눠지면서 관상이 극소수에게 제한된 비상한 은총이라는 잘못된 개념이 퍼져 나갔다. 그리하여 기도가 관상으로 발전될 가능성은 거의 없다고 여겨졌다. 관상을 향한 기도의 유기적 발달은 당시 인정된 기도 범주에 어울리지 않았고 따라서 권장되지 않았다.

그리스도교 관상의 살아 있는 전통이 줄어들면서, 문예 부흥은 영성 생활에 새로운 도전장을 던졌다. 사회 환경과 종교 기관들은 더 이상 개인의 지지 기반이 되지 못했다. 그러므로 그리스도교 세계를 침범하는 이교도 요소들에 대항하여 그리스도를 위해 세계를 탈환할 필요가 있었다. 사도직의 요청에 따라 새로운 형태의 기도가 나타난 것은 그리 놀라운 일이 아니었다. 사도적 삶을 강조하는 새로운 풍조는 여태껏 수도자나 탁발승에 의해 전수되었던 영성 생활 형태의 변화를 요구하였다. 그리고 이 당시, 이냐시오 데 로욜라 성인의 천재성과 그의 관상 체험은 거의 사라질 위험에 처한 관상 전통을 새 시대에 맞는 형태로 이어가게 해 주었다.

1522년에서 1526년 사이에 저술된 이냐시오 성인의 《영신 수련》은 로마 가톨릭 교회 영성의 현주소를 이해하는 데 매우 중요하다. 영신 수련에서는 세 가지 기도법이 제시된다. 첫 주의 수련인 추리적 묵상은 기억, 지성, 의지의 세 가지 능력에 의거하여 이루어진다. 기억은 추리적 묵상의 주제로 선택한 내용을 회상한다. 지성은 그 내용에서 얻고자 하는 교훈을 사색한다. 의지는 그 교훈을 실천에 옮기기 위해 그에 맞는 결심을 한다. 이렇게 해서 기도하는 사람은 삶을 개선하게 된다.

영신 수련에서는 관상이라는 말이 전통적 의미와 다른 의미를 갖는다. 여기에서 관상은 상상의 어떤 구체적인 대상을 응시하는 것이다. 복음의 인물을 실제로 현존하는 것처럼 바라보며 그들이 하는 말을 듣고, 그들의 말과 행동에 따라 반응한다. 두 번째 주간을 위해 제시된 이 방법은 정감적 기도를 발전시키기 위한 것이다.

영신 수련에서 세 번째 기도는 오감을 이용하는 방법이다. 이것은 묵상 주제에 오감을 차례로 적용하는 것이다. 이 방법은 초보자의 마음을 전통적 의미의 관상을 위해 준비시키며, 이미 기도에 진보한 사람들에게는 **영적 감각***을 발달시킨다.

그러므로 이냐시오 성인은 한 가지 기도 방법만을 제시한 것이 아니다. 안타깝게도 '영신 수련'을 추리적 묵상법으로 격하시킨 경향은 예수회원들에게서 생겨난 것 같다. 1574년 예수회 총장인 에버라드 머큐리언 신부는 스페인 관구에 보낸 지침서에서 정감적 기도와 오감을 이용하는 기도를 금지시켰다. 이 금지령은 1578년에도 반복되었다. 그리하여 수많은 예수회원의 영성 생활이 한 가지 방법, 즉 세 가지 능력(기억, 지성, 의지)에 의거하는 추리적 묵상에 한정되었다. 지성적 특성이 우세한 이 묵상은 18세기와 19세기를 거치는 동안 예수회에서 그 중요성이 계속 더 커졌다. 대부분의 영성 입문서는 금세기까지도 그 가르침을 추리적 묵상의 개요에 국한시켰다.

이러한 상황이 최근 로마 가톨릭 영성사에 끼친 영향을 이해하려면, 예수회가 반종교 개혁의 대표 주자로서 행사한 광범한 영향을 염두에 두어야 한다. 이 시기 이후에 창설된 많은 수도회가 예수회의 규칙서를 채택하였다. 그들은 예수회가 가르치고 실행하던 영성도 받아들였다. 그리하여 그들은 이냐시오 성인이 아닌 그의 부족한 후계자들이 부여한 제한 조치도 받아들였다.

이냐시오 성인은 문예 부흥 시대의 세속적 개인주의에 대한 적절한 해독제가 될 영성의 양성과 당시 사도적 요청에 적합한 관상 기도 형태를 제공하고자 했다. '영신 수련'은 활동하는 관상가들을 양성하기 위한 것이었다. 예수회가 영성 생활에 지속적으로 끼친 상당한 영향을 생각해 볼 때, 만일 그들이 이냐시오 성인의 원래 의도에 따라 '영신 수련'을 할 수 있었거나, 랄르망, 쉬렝, 그루, 드 코사드 신부 등의 예수회 관상 지도자들을 더 높이 평가했다면, 오늘날 로마 가톨릭 신자들의 영성 상태는 아주 달라졌을지도 모른다.

로마 가톨릭 교회가 관상 기도를 권장하기 주저하게 만든 또 다른 사건들이 있었다. 그중 하나가 정적주의에 대한 논쟁으로서, 이는 인노첸시오 12세 교황에 의해 1687년에 잘못된 신비주의의 한 종류라고 단죄되었다. 이 단죄된 가르침은 독창적이었다. 우리가 하느님에 대한 승복을 결코 철회하지 않겠다는 지향을 가지고 그분께 자신을 온전히 바치는데, 하느님을 향해 단 한 번 결정적인 사랑의 행위를 하라고 가르치는 것이다. 그리고 그 사람이 하느님께 완전히 속한다는 지향을 취소하지 않는 한, 하느님과의 일치는 확실하기 때문에 더 이상 기도 속에서나 기도 밖에서나 아무런 노력이 필요 없다는 것이다. 아무리 고결한 지향이라 해도 단 한 번 지향을 표현한다는 것과 영구한 마음가짐으로 그 지향을 확립시키는 것 사이에는 중요한 차이가 있다는 점이 간과되었던 것 같다.

17세기 후반에는 위의 가르침보다 유연한 형태가 반半정적주의라는 이름으로 프랑스에서 번성했다. 루이 14세의 궁정 사목자였던 보쉬에 주교가 이러한 완화된 형태의 정적주의에 대한 반대 주자 중 한 명이었으며 그는 프랑스에서 이를 단죄하는 데 성공했다. 그가 이 정적주의의 가르침을 얼마나 과장하여 비난했는지는 알아내기 어렵다. 어쨌든 그 논쟁은 전통적 신비주의의 평판을 떨어뜨렸다. 그때부터 신학교와 수도 공동체에서는 신비주의에 관한 독서조차 못마땅하게 여겼다.

앙리 브레몽의 저서 《프랑스 종교 사상사 *Literary History of Religious Thought in France*》에 따르면, 그 후 몇백 년 동안 중요한 신비주의 저서는 하나도 나타나지 않았다. 과거의 신비주의 작가는 무시되었고, 십자가의 요한 성인의 문장까지도 정적주의 색채가 있다고 간주되어 편집자들은 오해받거나 단죄받지 않기 위해서 어떤 문장들을 부드럽게 고치거나 삭제하게 되었다. 그 작품이 저술된 지 400년이나 지난, 20세기 초반이 되어서야 그의 저서가 삭제되지 않은 채 출간되었다.

17세기에 활발했던 얀세니즘도 그리스도교 영성을 퇴보시킨 요인이 되었다. 이 또한 이단으로 단죄되기는 했지만, 이 사상은 비인간적 태도를 널리 퍼뜨렸고 그 영향은 19세기를 지나 금세기까지 지속되었다. 얀세니즘은 하느님의 모습으로서 인간 본성의 기본적 선성뿐 아니라 예수님 구원 행위의 보편성에도 의문을 제기했다. 그로 인한 염세적 신심이 프랑스 혁명 이후 난민들이 아일랜드와 미국으로 이주하면서 확산되었다. 당시 미국의 사제와 수도자들이 대부분 아일랜드와 프랑스 출신이었기에 얀세니즘의 편협성과 거기서 오는 왜곡된 금욕주의가 신학교와 수도원의 심리적 환경에 깊은 영향을 끼쳤다. 지난 세기 중반까지도 사제와 수도자들은 신학교 과정에서 흡수한 부정적 태도의 마지막 잔재를 떨쳐버려야 하는 형편이었다.

현대 교회에서 또 하나의 불건전한 경향은 개인 신심, 불가사의한 현상, 사적 계시를 지나치게 강조하는 것이다. 이는 올바른 전례가 가져다 주는 초월적 신비감 및 공동체적 가치와 더불어 전례 자체를 평가 절하하게 만들었다. 대중은 관상가를 여전히 성인이나 이적을 행하는 이, 아니면 최소한 비범한 사람이라고 여겼다. 여전히 진정한 관상의 본질은 모호하고 혹은 공중 부양, 말씀, 오상, 시현 등의 현상과 혼동되었는데, 이것들은 엄밀히 말해서 관상에 부수적으로 따라오는 것이다.

19세기에도 많은 성인이 있었지만 관상 기도에 대해 말하거나 저술한 사람은 거의 없었다. 이때 동방 정교회에서는 영적 쇄신 운동이 일어났지만, 로마 가톨릭 교회의 주류는 율법주의적 특성을 띠었으며, 중세 시대 및 그 당시 교회가 행사했던 정치적 영향력에 대한 향수를 지니고 있었다.

커스버트 버틀러 수도원장은 그의 저서 《서방 신비주의 Western mysticism》에서 18세기와 19세기에 일반적으로 받아들였던 금욕주의적 가르침을 다음과 같이 요약했다.

> 매우 특별한 성소를 제외하고는, 관상 수도자와 주교, 사제, 평신도 등의 모든 사람이 행하는 일반적인 기도는 고정된 방법을 따르는 체계적 묵상으로서 다음 네 가지 중 한 가지에 속한다.
>
> 1. 이냐시오 데 로욜라 성인이 《영신 수련》에 열거한 세 가지 능력에 따른 묵상
> 2. 알폰소 마리아 데 리구오리 성인의 방법(《영신 수련》을 약간 수정한 것)
> 3. 프란치스코 살레시오 성인이 《신심 생활 입문》에 소개한 방법
> 4. 술피치오 성인의 방법

이 모든 것은 추리적 묵상 방법이다. 관상은 비상한 현상, 신기하면서도 위험한 것으로 간주되었기에 보통의 평신도, 성직자, 수도자들은 적

절한 거리를 두고 물리치거나 선망해야 할 것으로 여겼다.

관상에 대한 전통적 가르침에 마지막 일격을 가한 것은 관상 기도를 열망하는 일이 교만이라는 생각이었다. 수도회 수련자들과 신학생들에게 영성 생활에 대한 너무나 편협한 시각이 제시되었는데, 이는 성경이나 전통, 또 기도 생활의 성장이라는 정상적 체험과도 맞지 않는 것이었다. 만일 기도할 때 성령께서 으레 그러하시듯, 추리적 묵상의 다음 단계로 넘어가도록 부르시는데도 추리적 묵상에만 매달리려고 하면, 결국 그 사람은 극심한 좌절 상태에 빠질 것이다. 심지어 인간적 차원에서도 동일한 주제에 관한 여러 차례의 사색을 통해 정신이 전체에 대한 하나의 포괄적 견해로 옮겨 가고, 그 다음에는 진리를 단순히 응시하면서 쉼으로 나아가는 것은 정상적인 과정이다.

신심 깊은 사람들도 기도에 있어서 이와 같이 자연스럽게 발전해 나아가다가, 관상에 대한 부정적 태도에 부딪치고 만다. 그들은 관상의 위험에 대해 받은 경고로 인하여 추리적 묵상이나 정감적 기도를 넘어서기를 주저한다. 결국 그들은 자신들이 관상 기도에 맞지 않다고 여겨 관상 기도에 대한 열망마저 포기하거나, 아니면 하느님의 자비로 극복할 수 없는 장애물처럼 보이는 것에도 불구하고 그대로 끈기 있게 나아갈 방법을 발견한다.

어떻든 간에 종교 개혁 이후 관상에 반대하는 가르침은 초기 전통과 완전히 상반되는 것이었다. 처음 15세기 동안 끊임없이 가르쳐 온 전통에 따르면, 관상은 진정한 영성 생활이 정상적으로 발전한 것이며 따라서 모든 그리스도인에게 열려 있는 것이다. 이러한 역사적 요인들은 어떻게 근세기에 와서 서방 교회의 전통적 영성이 상실되었으며, 또 왜 바티칸 공의회가 영성 쇄신의 긴박한 문제들을 다루어야만 했는지를 설명하는 데 도움이 될 수 있다.

우리 시대에 관상 기도가 새로운 관심을 끄는 데는 두 가지 이유가 있다. 하나는 역사적, 신학적 연구에 의해 십자가의 요한 성인과 다른 영성 대가들의 통합적 가르침이 재발견된 것이다. 또 다른 이유는 제2차 세계 대전 이후에 동방에서 밀려온 도전이다. 그리스도교 전통의 관상과 유사한 동방의 묵상법들이 확산되면서 좋은 결과를 맺었고 인기를 얻었다.

제2차 바티칸 공의회 문헌인 〈비그리스도교와 교회의 관계에 대한 선언〉에 따르면, 다른 세계 종교들의 가르침 속에 들어 있는 가치를 인정하는 것이 중요하다. 동방의 영적 훈련은 고도의 심리적 지혜를 담고 있다. 그리스도교 지도자와 교사들은 오늘날 그들이 있는 곳에서 사람들을 만나기 위해 동방의 영적 훈련을 배울 필요가 있다. 진지하게 진리를 찾는 많은 사람이 동방 종교를 연구하고, 대학과 대학원에서 강의를 들으며, 동방의 지도자들이 권장하고 가르치는 묵상 형태를 수련한다.

로마 가톨릭 교회에서 신비 신학은 1896년에 소드로 수도원장의 《영성 생활의 단계 The Degrees of the Spiritual Life》라는 책이 출판되면서 회복되기 시작하였다. 그는 십자가의 요한 성인의 가르침에 근거하여 연구했다. 그 후 이어진 연구들은 그의 선택이 지혜로웠다는 것을 확인해 준다. 십자가의 요한 성인은 관상이 감각의 밤에서 시작된다고 가르친다. 이 감각의 밤은 자신의 활동과 성령의 직접적인 영감 사이에 있는 완충 지대로서, 거기서는 감각적 신심을 불러일으키는 생각이 거의 불가능해진다. 이는 추리적 묵상을 오랫동안 해 온 사람들이 일반적으로 겪는 경험이다. 우리는 더 이상 생각하거나, 말하거나 혹은 느끼게 될 새로운 것이 아무것도 없는 지점에 도달한다. 만일 우리가 기도 생활에서 그 다음 단계의 지도를 받지 않는다면, 그냥 자리에서 일어나 나가는 것을 제외하고는 무엇을 해야 할지 모를 것이다.

감각의 밤은 어린이가 청소년기로 넘어가는 과정과 유사한 영적 성장 과정이다. 어린 시절의 감정적이고 감상적인 성향은 하느님과 더욱 성숙한 관계를 맺기 위해 옆으로 제쳐 두기 시작한다. 그러는 동안 하느님께서 감각이나 이성에 더 이상 도움을 주시지 않기 때문에, 이 기능들이 쓸모없는 듯이 여겨진다. 그리고 우리는 더 이상 도저히 기도할 수 없다고 점점 확신을 갖게 된다.

십자가의 요한 성인은 이런 때에 우리가 해야 할 일은 오직 마음의 평화를 유지하고, 생각하려고 애쓰지 않고 하느님의 현존에 대한 믿음으로 그분 앞에 머무르며, 마치 사랑하는 이를 바라보듯이 끊임없이 그분에게 향하는 것이라고 한다.

《사랑의 산 불꽃》이라는 책에는 십자가의 요한 성인이 감각적 신심에서 하느님과의 영적 친밀로 넘어가는 과정을 자세히 기술해 놓은 주목할 만한 대목이 있다. 여기서 성인은 기도 중에 논리적으로 추론할 수 없거나 만족할 만한 의지의 행위를 할 수 없을 때에는, 이러한 상황을 편안하게 맞이해야 한다고 기술한다. 그러면 우리는 평화와 평정과 힘을 느끼기 시작할 것이다. 이는 하느님께서 직접 영혼을 채우시고, 당신 은총을 의지에 주시고, 당신에게로 그 의지를 신비롭게 끌어들이시기 때문이다.

이러한 상태에 있는 사람은 자신이 퇴보하고 있는 것은 아닌지 상당히 불안해한다. 그들이 처음 회개했던 몇 년 동안에 경험했던 모든 좋은 것이 이제 끝장나고 있다고 생각한다. 만일 이때 누가 요즘 기도 생활이 어떤지 묻는다면, 절망적인 표정을 짓고 말 것이다. 그러나 실제로는 더 캐물어 보면, 그들이 기도 방법을 찾고 싶은 커다란 갈망을 지니고 있으며, 하느님을 누릴 수 없으면서도 하느님과 함께 있고 싶어 한다는 것을 드러낸다. 그러므로 그들 영혼의 깊은 차원에는 은밀한 이끌림이 존재한다는 것이 명백하다. 이것이 관상 기도의 주입된 요소다. 하느님의 사랑은 주입된 요소다. 그 사랑에 평안한 쉼이 더해지면, 그것은 하나의 섬광에서 살아 있는 사랑의 불꽃으로 커질 것이다.

십자가의 요한 성인은 하느님께 자신을 내어드리는 사람들은 매우 빨리 감각의 밤에 들어간다고 말한다. 그들이 비록 알아차리지 못한다 해도 이러한 내적 사막이 바로 관상 기도의 시작이다. 자신의 활동과 은총의 주입 사이의 관계가 너무 미묘하여 우리는 대개 그것을 즉시 알아차리지 못한다. 감각의 밤이 자주 일어나기 때문에 그리스도인들이 이러한 진전을 감사히 받아들이고, 또 십자가의 요한 성인이 제시한 징표를 통해 그것을 알아차리는 데 도움이 되도록 경험 많은 영적 지도자가 있어야 한다는 점이 중요하다. 이러한 과도기를 겪어 내면, 그 사람은 헌신적이고 유능한 그리스도인, 전적으로 성령의 선물의 인도로 사는 사람이 될 것이다.

십자가의 요한 성인이 말하는 '매우 빨리'는 얼마나 빠른 것을 말하는 것일까? 몇 년인가, 몇 달인가, 몇 주인가? 성인은 구체적으로 언급하지 않았다. 그러나 사람이 관상에 대한 열망을 갖기 전에 몇 년 동안 초인적인 시험을 견뎌 내야 한다든가, 수도원의 높은 담 안으로 들어가야 한다든가, 수많은 고행으로 자신을 혹사시켜야 한다는 생각은 얀세니즘적 태도이거나 아니면 적어도 그리스도교 전통을 부적절하게 제시한 것이다. 그와는 반대로 관상 기도를 빨리 경험할수록 영적 여정이 지향하는 방향을 빨리 감지할 것이다. 그러한 직관에서 자신의 성소에 정진하기 위해 요구되는 모든 희생을 치를 동기가 나올 것이다.

《무지의 구름》에는 관상 기도로 돌입할 태세에 대해 써 놓은 내용이 많다. 거기에서는 우리가 관상 기도로 불리었는지 알아낼 표지를 제시한다. 그러나 오늘날 관상 기도는 향심기도 교사들을 비롯해 동방 명상의 교사들에 의해서도 모든 이에게 제공되는 것 같다. 마치 모든 사람에게 열려 있는 것 같다.

평신도들이 영성의 길을 추구한다는 생각은 그리 새로운 것이 아니다. 지난 천 년 동안 대중화되지 않았을 뿐이다. 동방과 서방 세계 종교의 영성 전통에는 관상을 추구하는 사람들을 따로 분리해 특별한 사람으로 취급하고는, 그들을 세상 속에서 가정을 꾸리고 직업 생활을 하는 사람들과 대치시키는 경향이 있었다. 그러나 이 구별이 바뀌고 있다. 예를 들어 인도의 현자들은 자신들의 깨달음을 일반인들과 나누기 시작했다. 과거에는 현자들을 만나기 위하여 대개 숲으로 가야 했다. 그러나 지금 미국과 서유럽에서는 여러 동방 영성 전통의 뛰어난 교사들이 자신들을 찾아오는 거의 누구에게나 선구적인 가르침을 주고 있다. 안타깝게도 이러한 전통들에 대한 뒤떨어진 견해가 있을 수도 있다. 어쨌든 오늘날 동방 종교들에서는 세상에서 평범한 삶을 사는 사람들에게 신비주의적 수련을 보급하려는 움직임이 일고 있다.

그리스도교 전통과 관련하여 말하자면, 4세기 알렉산드리아 신학파의 대표 인물인 오리게네스는 세상 속의 그리스도교 공동체가 적절한 금욕의 장소라고 여겼다. 그리스도인에게 세상을 떠나는 수련이 하느님과의 일치에 이르는 표준이 된 것은 이집트의 안토니오 성인이 보여 준 모범과 그에 대한 아타나시오 성인의 보고를 통해서였다. 안토니오 성인에게는 이 수련을 일치를 달성하는 유일한 길로 만들 의도가 없었다. 그러나 이 수련이 대중화되면, 통속화되고 화석화되거나 심지어 희화화되는 수도 있다. 올바른 구별을 하기 전에 먼저 영성 쇄신의 새로운 물결이 일어야 한다. 이러한 운동이 제도화되어 왔기 때문에 긴 시간이 필요할지도 모른다. 수도 생활의 본질은 그 구조에 있지 않고 내적 수련에 있으며, 그 내적 수련의 핵심은 관상 기도다.

《무지의 구름》의 저자는 인생 말년에 쓴 《개인 상담 편지 *The Epistle of Privy Counseling*》에서, 관상 기도 성소는 그가 원래 생각했던 것보다 많은 사람이 할 수 있다는 사실을 인정했다. 실제로 나는 우리가 사람들에게 관상 기도를 향한 절차를 밟아 나아가도록 가르칠 수 있다고 생각한다. 말하자면 이 과정은 성경의 하느님 말씀을 읽고 사색하기, 이러한 사색으로 고무된 열망을 갖기, 그리하여 하느님 현존 안에 쉬기와 같은 순서로 이루어진다. 이것이 중세 수도원에서 실천되었던 거룩한 독서의 방식이다.

만일 사람들이 비개념적 기도를 전혀 접하지 않는다면 근세기 서구 문명의 지나친 지성적 성향과 그리스도교 가르침의 반관상적 경향 때문에, 기도 생활이 발전할 가능성이 전혀 없다고 확신한다. 그렇지만 내적 침묵을 경험으로 다소 맛보기만 해도, 관상 기도가 어떤 것인지를 이해하는 데 큰 도움이 된다. 최근의 금욕주의적 가르침은 지나치게 신중했고, 관상 기도는 봉쇄 수도자들이 하는 것으로 간주하는 경향이 있었다.

관상 기도는 중요한 질문을 던진다. 즉 하느님께서 모든 것을 주관하시도록 기다리는 대신에 관상의 선물을 받으려고 우리가 준비할 수 있는 일이 있는가? 동방의 명상법에 접해 봄으로써 나는 그렇다고 확신하게 되었다. 동방과 서방의 영성 수련에는 관상 기도의 기초를 마련하는 데 도움을 줄 수 있는 정신 훈련법이 있다.

거룩한 독서와 향심기도의 차이점은 무엇인가?

거룩한 독서는 하느님과 친교를 나누는 포괄적 방법으로 성경 구절 읽기로 시작된다. 본문에 대한 사색이 자발적 기도, 즉 읽은 것에 대하여 하느님께 말씀드리고 마침내 하느님 현존 안에서 쉼으로 나아간다. 하느님과의 대화에서 개념을 넘어 그분과의 친교로 나아가는 움직임이 우리가 읽고 그에 대해 사색했던 단어, 구절, 혹은 성경 사건에서 흘러나온다. 그러나 향심기도에서는 우리가 전 기도 시간 동안 하느님의 현존과 활동에 동의한다는 지향을 확립함으로써 친교의 차원에서 출발한다. 이러한 의도로 떠오르는 불가피한 생각들에 빠져든다는 것을 알아차리면, 고요히 돌아간다는 지향의 상징(대개는 한두 음절의 단어)을 선택한다. 심지어 우리가 고요하게 그리고 완전히 자신을 하느님께 열어 드리는 것을 의도적으로 선택할 때도 그렇게 한다.

십자가의 요한 성인과 예수의 데레사 성녀는 하느님께서 추리적 묵상을 실천할 수련 능력을 거두실 때만 그 묵상을 중지해야 한다고 권하였다. 향심기도가 어떻게 그 전통에 어울리겠는가?

기본적인 믿음을 늘리기 위해 신앙의 진리를 어느 정도 묵상하는 것, 즉 추리적 묵상 작업은 관상의 중요한 기초다. 우리가 향심기도를 너무 빨리 도입하는 것인지도 모른다는 이의에 대해 나의 답은 이렇다. 서구 세계에 사는 우리는 추리적 묵상과 관련하여 문제점을 안고 있는데, 이는 사물을 지나치게 분석하는 뿌리 깊은 경향, 즉 데카르트-뉴턴적 세계관에서 나왔으며 우리의 직관 능력을 퇴보시킨 사고방식 때문이다. 이처럼 개념에 매달리는 것은 사색에서 자발적 기도로, 그리고 자발적 기도에서 내적 침묵(경이와 감탄)으로 나아가는 움직임을 방해한다. 우리는 이 세 과정을 모두 차례로 행할 수 있고 여전히 거룩한 독서의 전통 안에 머물 수 있다.

거룩한 독서를 하는 동안에는, 어떤 특정 순서나 시간표를 따를 필요가 없다. 당신은 그저 은총의 영감에 따라서 성경 본문에 대해 숙고하고 특정한 의지의 행위를 하거나, 준비되었다고 느낄 때는 언제든지 관상 기도로 들어갈 수 있다. 물론 처음에는 추리적 묵상이나 정감적 기도가 우세할 것이다. 그러나 때때로 내적 침묵에 이끌리는 것을 배제하지는 않는다. 향심기도는 이러한 은총의 이끌림을 따르는 우리의 능력을 증진시킨다.

이제 훨씬 더 잘 알겠다. 향심기도는 현대인들에게 거룩한 독서에서 관상으로 넘어가는 능력의 부족을 보상해 준다.

그렇다. 그것은 현대의 문제에 대한 통찰이며, 동시에 관상 기도에 관한 전통적인 그리스도교의 가르침을 부활시키려는 노력이다. 그러나 그것을 되살리려는 이론적인 노력 그 이상이 필요하다. 기존의 지적 편견을 넘어가기 위해서는 사람들이 실제적인 경험을 하도록 하는 수단이 필요하다. 이미 관상 기도를 하는 사람들에게서도 이 편견을 발견하면서, 나는 우리 문화에 그 편견이 생각보다 더 뿌리 깊이 박혀 있다고 확신하게 되었다. 동방으로 사람들이 몰려가는 것은 서방에서 결핍된 것이 있다는 징후다. 서방에서는 만족할 수 없는 깊은 영적 배고픔이 있다는 것이다.

동방의 여정을 따르는 사람들이 관상 기도의 전통이 있다는 말을 듣고는 그리스도교를 훨씬 더 친숙하게 느낀다는 것을 알아챘다. 관상 기도 준비로 하는 향심기도는 오늘날 새로 만들어 낸 것이 아니다. 오히려 향심기도는 관상 기도의 전통적 가르침을 다시 획득하는 수단이며, 이 가르침을 더욱 알리고 더욱 쉽게 접하도록 만드는 수단이다. 새로운 점이라면 그것을 체계적인 방법으로 전달하려 노력한다는 것뿐이다.

이미 관상 기도의 은총을 받은 사람들은 지속적이고도 질서 정연한 방식으로 내적 침묵을 길러나감으로써 그것을 심화할 수 있다. 향심기도의 방법은 이 내적 침묵의 계발이라는 목적에서 제공된다.

그리스도인의 변화와 성장을 위한 지침

인간의 노력은
은총에 의지한다

다음 원칙들은 그리스도인의 영적 여정을 현대 용어로 나타내려는 노력을 표현한다. 이는 향심기도 수련의 개념적 배경을 제공하려는 것이다. 다음 글은 거룩한 독서법에 따라 읽어야 한다.

1. 인간 본성의 근본적 선성은 삼위일체, 은총, 육화의 신비와 마찬가지로 그리스도교 신앙의 본질적 요소다. 이러한 선성의 기본 핵은 무한한 발전 가능성을 지니고 있는데, 실제로 우리가 그리스도로 변화되어 하느님처럼 될 수 있다.

2. 우리 선성의 기본 핵은 참자아다. 참자아의 중력의 중심은 하느님이시다. 우리의 기본적 선성을 수용하는 것이 영적 여정에 있어서 획기적인 도약이다.

3. 하느님과 우리의 참자아는 따로 분리되어 있지 않다. 비록 우리가 하느님은 아닐지라도, 하느님과 우리의 참자아는 동일하다.

4. **원죄***라는 용어는 인간 조건, 곧 하느님과의 일치에 대한 확신이 결여된 채로 온전한 사색적 자아의식에 도달하려는 보편적 체험을 기술하는 한 방식이다. 이것은 우리에게 불완전, 분열, 고독, 죄책감 등의 내밀한 감각을 불러일으킨다.

5. 원죄는 우리 각자가 행한 개인적 잘못의 결과가 아니다. 그렇지만 이것은 우리가 하느님과 다른 사람, 그리고 참자아에게서 고립되었다는 강한 느낌을 불러일으킨다. 이 고립감의 문화적 결과가 어린 시절부터 우리 안에 주입되어 한 세대에서 다음 세대로 계속 전달된다. 이러한 상황의 깊은 불안감에서 달아나고자 하는 절박한 욕구는 그것이 잘 조절되지 못할 때, 쾌락과 소유와 권력을 향한 만족할 줄 모르는 욕망을 불러일으킨다. 사회적 차원에서는 이것이 폭력과 전쟁, 구조적인 불의로 나타난다.

6. 원죄의 결과는 우리가 잉태된 순간부터 우리의 인성 안에 뒤섞여 들어온 모든 이기적 습관, 어릴 적 양육 환경과 성장 과정에서 생긴 모든 정서적 손상, 스스로를 방어할 수 없는 어린 나이에 알게 모르게 사람들에게 받은 상처, 그리고 지금은 대부분 의식하지 못할 수 있지만 우리가

감당할 수 없는 상황의 고통을 피하기 위해 습득한 방법들을 들 수 있다.

7. 이성이 자리 잡기 전의 반응들이 합쳐져서 거짓 자아의 기초를 형성한다. 거짓 자아는 참자아를 거슬러 발달한다. 거짓 자아의 중력의 중심은 바로 거짓 자아 그 자체다.

8. 은총은 삶의 매 순간 나타나는 그리스도의 현존과 활동이다. 성사란 그리스도께서 특별한 방법으로 현존하시는 예식적 행위로, 그리스도인의 삶의 중요한 서약들을 확인하고 유지한다.

9. 세례 때 거짓 자아는 전례적으로 죽고, 새로운 자아가 태어난다. 그리고 예수님께서 그분의 죽음과 부활로 이루신 죄에 대한 승리가 우리 손에 맡겨진다. 우리 개개인의 유일무이성은 그대로 남아 있지만, 하느님과 다른 사람들에게서 느끼는 격리감이 죽음을 이기고 생명을 주는 세례의 물로 소멸된다.

10. 성체성사는 생명의 축제다. 그것은 우주의 모든 물질적 요소가 함께 모여 인간의 의식 속에서 떠오르고 인간의 의식을 신성한 의식으로 변화시킨다. 그리스도교 공동체 안에, 그 공동체를 통하여 하느님께서 현현顯現하시는 것이다. 우리는 성체가 되기 위하여 성체를 받아 모신다.

11. 그리스도께서는 성사 안에 현존하실 뿐만 아니라, 우리 삶의 고비마다 그리고 중요한 사건들 안에서 특별한 방식으로 현존하신다.

12. 개인의 죄는 그리스도의 자기 증여(은총)에 응답하기를 거부하는 것이다. 이는 우리 자신과 다른 이들의 진정한 욕구를 고의적으로 무시하는 것이다. 이리하여 개인의 죄는 거짓 자아를 강화시킨다.

13. 우리 선성의 기본 핵은 역동적이며 저절로 성장하는 경향이 있다. 이 성장은 거짓 자아에서 오는 착각과 정서적 장애, 문화적 조건에서 오는 부정적 영향과 개인의 죄로 인해 방해를 받는다.

14. 성경 안에서, 전례 중에 하느님 말씀을 듣고 기도 중에 하느님을 기다리며, 그분의 영감에 응답하는 일은 특정 상황에서 두 자아가 어떻게 작용하는지 구별하는 데 도움을 준다.

15. 하느님은 당신 피조물에게 즉시 완전해지라고 하시거나 당신 사랑을 받기에 합당한 존재가 되라고 요구하는 분이 아니시다. 멀리 계셔서 우리가 다가갈 수 없는 냉혹한 분도 아니시다. 그분은 공포로 복종시키는 폭군이 아니며, 언제나 감시하는 경찰관도 아니고, 언제든 유죄 판결을 내릴 준비가 되어 있는 지독한 재판관도 아니시다. 우리는 하느님을 상벌의 개념으로 기술하는 데서 벗어나 그분을 사랑의 무상성 혹은 사

랑의 역할에 바탕을 두고 기술하도록 해야 한다.

16. 하느님의 사랑은 연민이 가득하고, 부드럽고, 빛나며, 온전히 자신을 내어 주고, 대가를 바라지 않으며, 모든 것을 일치시키신다.

17. 하느님에게 사랑받는 체험을 하면 우리가 거짓 자아를 있는 그대로 받아들이고, 그것을 놓아 버리며 참자아로 향하는 여정을 떠날 수 있게 된다. 참자아로 가는 내적 여정은 하느님 사랑으로 가는 길이다.

18. 참자아에 대한 깨달음이 자라나면, 이러한 체험에서 흘러나오는 깊은 영적 평화와 기쁨이 거짓 자아의 붕괴와 죽음에서 오는 정신적 고통을 상쇄시킨다. 거짓 자아의 동력이 줄어들면서, 우리의 참자아는 하느님 사랑의 동력으로 새로운 자아를 형성한다.

19. 새로운 자아의 형성에는 수많은 실수의 흔적, 때로는 죄의 흔적이 수반되기 마련이다. 이러한 실패가 아무리 심각하다 해도 참자아의 침범할 수 없는 선성에 비하면 별것이 아니다. 이때 우리는 하느님께 죄의 용서를 청하고, 우리가 상처를 주었을지도 모르는 사람들에게 용서를 구하며, 그 다음에 새로워진 자신감과 활력으로 아무런 일도 없었던 것처럼 행동해야 한다.

20. 지속적으로 스며들어 우리를 무기력하게 만드는 죄책감은 거짓 자아에서 온다. 개인의 죄나 사회적 불의에 대해 반응하는 진정한 죄의식은 용기를 잃게 하지 않으며 삶을 개선하도록 이끈다. 그것이 회개로의 부르심이다.

21. 영적 여정에서 진보한 것은 우리가 더불어 살아가는 사람에서 시작하여, 타인을 무조건적으로 받아들이는 모습으로 드러난다.

22. 신앙 공동체는 영적 여정 안에서 모범과 교정, 서로에 대한 관심을 지원한다. 무엇보다도 전례 거행과 성경 기도, 침묵 기도를 통해서 그리스도의 신비에 참여하는 일은 공동체를 결속시켜 변화 및 하느님과의 일치를 공동으로 추구하게 해 준다. 특히 공동체가 전례를 위해 함께 모일 때나 도움이 필요한 사람들에게 봉사할 때 그리스도의 현존이 공동체 안에서 서로에게 나타나고 실제적인 것이 된다.

23. 생존과 안전, 애정과 존중, 힘과 지배를 추구하는 인간 유기체의 본능적 욕구를 절제하면, 참된 인간 욕구가 선명하게 드러난다. 이러한 욕구 중 일차적인 것은 다른 사람들과 친밀해지는 것이다. 친밀성이란 사상과 문제, 영적 열망들을 상호 개방하는 것을 뜻하는데, 이는 점차적으로 영적 우정으로 발전해 나간다.

24. 진정한 자기 개방을 수반하는 영적 우정은 결혼 생활과 독신 생활의 행복을 위한 필수 요소가 된다. 한 사람 혹은 여러 사람과 친밀해지는 경험은 우리가 하느님과 그리고 다른 사람과 관계 맺는 능력을 확장, 심화시킨다. 성적 에너지는 하느님의 사랑에 영향을 받아 점차 만물과 만민을 향한 보편적 동정심으로 변화되어 간다.

25. 공동체가 영적으로 빛을 발하는 것은 그 구성원들이 변화의 여정과 서로에게 투신하는 정도에 달려 있다. 한 인간으로 성장하도록 서로 빈자리를 내어 주는 것이 이 투신에 필수 요소다.

26. 전통적 의미로 볼 때 관상 기도는 변화의 과정을 시작하고, 그 과정과 함께하며, 그 과정을 완성시키는 역동적 과정이다.

27. 성경과 우리 개인 역사 안의 하느님 말씀을 사색하는 것이 향심기도의 기초. 향심기도 중에 특정한 생각과 느낌을 자연스럽게 놓아 버리면, 기도가 진전하고 있다는 표시이다. 향심기도의 특징은 생각과 느낌이 없다는 것이 아니라 그것들에서 초연하다는 것이다.

28. 진정한 영성 수련의 목표는 육체와 정신과 영의 좋은 것들을 거부하는 것이 아니라 그것들을 올바르게 이용하는 것이다. 인간 본성의 어떠한 측면이나 인생의 어떠한 시기도 결코 거부해서는 안 되며, 오히려

이것들을 자아의식의 다음 단계에 통합해야 한다. 이렇게 해서 인간 성장의 각 단계에 고유하게 존재하는 부분적 선성이 보전되고 그 한계점만 뒤로 한다. 그러므로 하느님처럼 되는 길은 온전한 인간이 되는 것이다.

29. 영적 여정의 초기에 영성 수련의 실천은 삶의 관상적 차원(하느님에 대한 봉헌과 헌신 그리고 타인을 위한 봉사)의 기초를 쌓기 위한 수단으로 필수적이다.

30. 규칙적으로 고독과 침묵의 시간을 가지면 영혼이 고요해지고, 내적 침묵이 자라나며, 자기 인식이 시작된다.

31. 고독은 원래 어떤 장소를 말하는 것이 아니고, 하느님께 완전히 투신하는 태도를 말한다. 하느님께 온전히 속하면, 자신의 삶과 은사를 다른 사람과 나누는 일이 점점 더 많아진다.

32. 마음의 가난이라는 **참행복***은 참자아에 대한 인식이 증가하면서 생겨난다. 그것은 모든 것에 대한 무소유의 태도이며, 동시에 모든 것과 누리는 일치감이기도 하다. 많이 가질 내적 자유(일치감) 혹은 적게 가질 내적 자유(무소유)를 누리고 자신의 생활 방식을 단순화하는 것이 마음이 가난하다는 표시다.

33. 정결은 독신 생활과는 구별된다. 독신 생활은 우리 성의 생식적 표현을 금하고자 하는 서약이다. 정결이란 성적 에너지와 이에 수반되는 남성적 혹은 여성적 자질을 받아들이면서 이 에너지를 우리의 영성에 통합시키는 것이다. 이는 성적 에너지의 사용에 있어서 자기를 통제하고 절제하는 수련이라고 할 수 있다.

34. 정결은 사랑하는 힘을 증진하고 확대한다. 그것은 존재하는 모든 것의 신성함을 감지한다. 그 결과 다른 사람의 품위를 존중하며, 자신의 성취를 위해서만 그들을 이용하는 것이 불가능해진다.

35. 순명이란 하느님을 있는 그대로, 그분이 우리 삶 안에 나타나시는 모습 그대로 무조건 받아들이는 것이다. 하느님의 뜻이 즉각적으로 분명하게 나타나지는 않는다. 온순한 마음을 품으면 하느님의 뜻을 나타내는 모든 표지에 귀 기울이게 된다. 하느님의 뜻을 나타내는 증거를 가려내고, 은총의 내면적 이끌림에 비추어 지금 여기서 하느님께서 나에게 무엇을 요구하시는지 알아내는 식별력이 생긴다.

36. 겸손이란 하느님과 자신과 또 모든 실재에 대한 정직한 태도다. 그것은 우리가 무력한 가운데서 평화로울 수 있게 하고 자기를 잊고 쉴 수 있게 해 준다.

37. 희망은 하느님의 동정심과 도우심을 계속 경험함으로써 솟아난다. 인내는 행동하는 희망이다. 인내는 포기하거나, 좌절하거나, 도피하지 않고 하느님의 구원의 손길을 기다린다.

38. 거짓 자아가 해체되고 죽는 것은 예수님의 고난과 죽음에 동참하는 것이다. 우리는 하느님 사랑의 변화시키는 힘을 토대로 새로운 자아를 형성함으로써 그분의 부활하신 생명에 동참한다.

39. 초기에는 정서적 속박이 우리의 자유를 구속하기 때문에 새로운 자아 성장에 주된 장애 요소가 된다. 나중에는 자기 통제에서 우러나는 미묘한 만족감으로 인해 영적 교만이 주된 장애 요소가 된다. 그리고 마침내는 자아 성찰이 하느님과의 순수한 일치를 가로막기 때문에 주된 장애 요소가 된다.

40. 인간의 노력은 은총에 의존한다. 노력이 은총을 불러들인다 해도 마찬가지다. 하느님과의 일치에 도달하는 정도는 노력에 비례하지 않는다. 이것은 순전히 하느님의 사랑이 주는 선물이다.

41. 예수님께서는 상상과 기억과 정서를 잠잠하게 하는 특정한 묵상법이나 신체 단련법을 가르치지 않으셨다. 그러므로 자신의 특수한 기질이나 타고난 성향에 적합한 영성 수련을 선택해야 한다. 성령께서 당신

의 직접적 인도에 승복하도록 요구하실 때는 그 영성 수련을 기꺼이 버려야 한다. 성령은 모든 방법과 수련을 초월하신다. 그분의 영감에 따르는 것이 완전한 자유에 이르는 확실한 길이다.

42. 예수님께서는 스스로 보여 주신 것들을 제자들에게 길로 제시하셨다. 즉 모든 것과 모든 사람을 용서하고, 도움이 필요한 사람들에게 봉사하는 것이다. 그분의 마지막 가르침은 "내가 너희를 사랑하였듯이 너희도 서로 사랑하여라."이다.

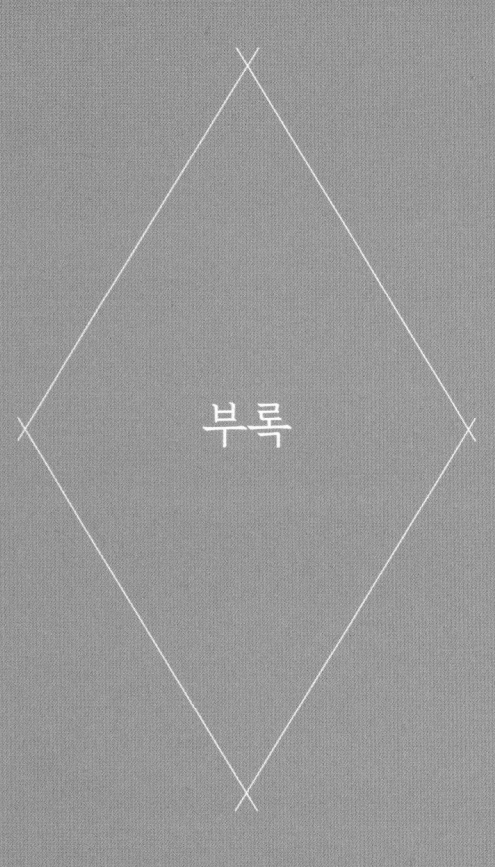

부록

향심기도 효과를
일상에 가져오는 수련들

향심기도는 복음의 관상적 차원에 대한 폭넓은 투신의 근본이다. 하루 두 번씩 20~30분간, 한 번은 이른 아침에 또 한 번은 한낮이나 이른 저녁에 향심기도를 하면 내적 침묵의 저장고 수위를 높은 수준으로 유지할 수 있다. 간단한 독서나 이완 훈련, 혹은 성가로 시작하라.

하루 중 두 번째 기도를 할 시간을 마련하기 위해서는 특별한 노력이 필요할지도 모른다. 저녁에 집에 들어서자마자 가족과 함께 시간을 보내야 한다면, 당신은 점심에 향심기도를 할 수도 있다. 혹은 직장에서 집으로 돌아가는 길에 성당이나 공원에 들러 향심기도를 해도 된다. 두 번째 기도 시간을 갖기 어렵다면, 첫 번째 기도 시간을 5~10분 혹은 더 길게 연장하는 것이 도움이 될 것이다.

향심기도가 그다지 효과를 내지 못하는 이유는 당신이 기도에서 빠져나와 단조로운 일상 속으로 들어갈 때 정서적 행복 프로그램이 다시 작동하기 때문이다. 감정적 반응들이 향심기도 중에 채워 놓았던 내적 침묵의 저장고를 즉시 고갈시키기 시작한다.

다음은 향심기도 효과를 일상생활로 확장하는 데 도움이 되는 수련을 요약한 것이다.

1. 자신을 근본적으로 수용하는 법을 길러라

당신의 과거, 실패, 한계와 죄를 포함하여 자신에 대한 진정한 동정심을 가져라. 실수할 수도 있다는 것을 예상하라.

2. 활동을 위한 기도문을 선택하라

이것은 성경에 나오는 9음절에서 15음절의 문장을 마음으로 외움으로써 잠재의식 속에 점차 배어들게 하는 것이다. 빨래를 하거나, 걷거나 운전하거나, 누군가를 기다릴 때처럼 마음이 비교적 한가할 때 하면 좋다. 그러면 마침내 이것이 저절로 반복되면서 종일 내적 침묵의 저장고와 연결을 유지한다.

3. 매일 하느님 말씀을 경청하고 성경으로 기도하는 데 시간을 투자하라

매일 15분 이상 신약 성경이나 영성 서적을 읽어라.

4. 소책자를 가지고 다녀라

이 소책자는 영성 작가들의 글이나 그리스도와 관상 기도에 투신하도록 이끌어 주는 인용문들의 모음집으로, 간단한 문장이나 단락으로 이루어진 것이 좋다. 그것을 주머니나 지갑 속에 넣어 가지고 다니다가 자투리 시간이 날 때마다 몇 줄씩 읽어라.

5. '환영의 기도'를 수련하라

당신을 매우 당황하게 하는 감정이나 그 감정을 유발하는 사건들을 관찰하되, 자신의 반응을 분석하거나, 합리화하거나, 정당화하지 마라. '환영의 기도'는 일상생활의 현재 순간에 '놓아 버리기'를 수련하는 방법이다. 환영의 기도는 안전, 애정, 지배 욕구가 좌절되거나 혹은 충족되어서 감정적 반응을 일으킬 때 사용한다. 그것은 다음과 같은 단순한 과정을 통해 모든 것을 하느님께 향하게 하는 방법이다.

- **신체 감각에 초점을 맞추고 그 속으로 침잠하라.** 저항하지 말고, 단지 감각을 느끼기만 하라.
- **환영하여라. 신체 감각 속에 머물러라.** 그리고 그 안에서 그 감각을 통하여 성령을 껴안으면서 속으로 '환영합니다.'라고 부드럽게 말하라.
- **놓아 버려라.** 계속해서 신체 감각을 느끼고 그 안에서 쉬는 동안, 은총의 치유 활동에 자신을 열어 두고 놓아 버리기 문장을 반복하라.

"안전에 대한 욕망을 놓아 버립니다."
"애정에 대한 욕망을 놓아 버립니다."
"상황을 바꾸고 싶은 욕망을 놓아 버립니다."

놓아 버리기는 그 체험을 통과해 가는 것이지, 그것에서 도망치거나 그것을 무의식 속으로 밀어 넣는 것이 아니다.

6. 마음을 지켜라

이는 환영의 기도와 유사하게 당혹스러운 감정들을 현재 순간에 방출시키는 수련이다. 세 방법 중 한 가지를 사용할 수 있다. 현재 하는 일을 계속하는 것, 주의를 다른 데로 돌리는 것, 그 느낌을 하느님께 선물로 드리는 것이다. 마음 지키기는 개인적으로 좋아하는 것이나 싫어하는 것을 즉각 놓아 버리도록 요구한다. 우리 계획과 무관한 어떤 일이 일어나면, 자신도 모르게 그 일을 바꿔 버리려고 한다. 첫 번째 반응은 현재 일어나는 일에 자신을 여는 것이 되어야 한다. 그래야만 우리 계획대로 되지 않을 때, 당황하지 않게 된다. 마음 지키기를 함으로써 언제든 우리 계획을 기꺼이 즉각 바꿀 수 있다. 그리하여 고통스러운 상황이 일어날 때 이를 받아들일 수 있게 된다. 그리하여 그 상황을 어떻게 대처해야 할지 결정할 수 있게 된다. 매일의 일상적 사건들이 우리의 수련이 된다.

7. 타인을 무조건 받아들이는 수련을 하라

이 수련은 특히 두려움, 분노, 담력, 희망, 실망 등의 감정을 가라앉히는 데 힘이 있다. 이를 통해 타인을 무조건 받아들임으로써 타인에게 앙갚음하거나 그들에게서 도망치려는 감정을 다스릴 수 있게 된다. 타인의 모든 기질과 당신을 괴롭히는 특이한 행동과 더불어 타인을 있는 그대로 인정한다. 당신이 누군가를 교정해야 할 의무를 지닐 때 상황은 더 복잡해진다. 화가 났을 때 누군가를 교정하려 한다면, 반드시 실패할 것이다. 이것은 타인에게 방어 태세를 유발하게 만들어, 그들에게 그 상황의 탓을 당신에게 돌릴 구실을 제공하게 된다. 당신이 진정될 때까지 기다려라. 그런 다음 그들에 대한 진정한 염려에서 타일러라.

8. 과도한 집단 동일시를 심사숙고하여 제거하라

이것은 문화적 제약, 선입견, 그리고 특정 집단의 가치에 과잉 동일시하는 것을 놓아 버리는 수련이다. 또한 이것은 우리 자신의 변화, 집단에 대한 충성을 넘어선 영적 진보, 그리고 미래가 가져올 수 있는 모든 것에 자신을 개방하는 것을 의미한다.

9. 향심기도회에 가입하라

향심기도를 함께하고 복음의 관상적 차원에 투신하면서 서로를 격려하기 위해 매주 모이는 지원 단체를 만들거나 거기에 가입하라.

활동 중에 바치는 기도문

 거룩한 단어는 침묵으로 인도하기 위한 것이다. 따라서 한두 음절 정도로 짧은 것이어야 한다. 반면 활동 중에 바치는 기도문, 일상생활에서 사용하기 위해 성경에서 찾아낸 기도문은 9음절에서 15음절 정도로 더 길어야 한다. 어떤 사람들은 이러한 목적을 위해 여러 가지 기도문을 사용하기를 좋아하지만, 그것보다는 거의 지속적으로 한 가지 기도문만 반복해서 마음에 새겨 넣는 일이 더 쉽다. 이 수련의 장점은 결국 그것이 흥분시키는 감정을 담은 '테이프'와 유사한 '테이프'가 되어, 이전 테이프 내용을 지워 버리고, 하느님의 영이 들어와 무엇을 할지 가르쳐 주실 수 있는 중립 지대를 제공해 준다는 것이다.
 활동 중에 바치는 기도문을 마음에 새겨 넣기 위해서는 여유 있는 순간순간에 거듭 되풀이해야 한다. 이전 테이프들은 반복 행위를 통해서 만들어졌다. 새로 '녹음된' 테이프도 같은 방식으로 만들어질 수 있을 뿐이다. 활동 중에 바치는 기도문이 자연스럽게 올라오기까지는 1년이나 그 이상이 걸릴 수도 있다. 그렇게 되면 밤중에도 그 기도문을 외우며 일어날 수 있고, 꿈에서도 그 기도문을 외울 수 있다.

불안해하거나, 서두르거나, 혹은 지나치게 애쓰지 말고 이 기도를 수련하라. 어느 날 기도문을 외우는 것을 잊어버렸다고 자신을 탓하지 말고 그냥 다시 시작하라. 당신의 마음이 대화나, 공부, 집중을 요하는 일을 할 때는 이 기도문을 외우지 마라.

다음은 활동 중에 바치는 기도문의 예다.

주님, 저를 도우러 오소서.
주님, 어서 오시어 저를 도우소서.
거룩하신 마리아, 하느님의 어머니.
제 마음을 당신 사랑에 열어드립니다.
주님, 저를 당신께 드립니다.
저의 주님, 저의 하느님.
제 뜻이 아니라 당신 뜻이 이루어지소서.
당신 나라가 임하소서.
당신 뜻이 이루어지소서.
저희의 도움은 주님의 이름에 있나이다.
주님 저를 당신 뜻대로 하소서.
주님 말씀하소서. 당신 종이 듣나이다.

주간 기도 모임

향심기도는 대부분 개인적으로 행해지지만, 15명 이내의 인원으로 매주 모여 체험을 나누는 것이 상당히 도움이 되고 또 지속적인 관상 교육의 수단도 된다는 것이 증명되었다. 주간 모임은 기도에 대한 책임감을 늘리는 수단으로도 작용한다. 지원 단체가 매주 함께 모인다는 사실을 아는 것만으로도 기도를 계속하게 하는 격려가 되며, 또 질병이나 사업, 가족 문제, 혹은 긴박한 일로 당분간 매일 기도를 실천할 수 없었던 사람들에게는 향심기도 수련으로 다시 돌아오게 하는 초대가 된다.

다른 사람들과 향심기도 체험을 나눔으로써, 자신의 기도 생활의 부침을 잘 분별하게 된다. 이 단체는 용기의 원천이 될 뿐 아니라 기도 방법과 관련하여 생겨나는 문제를 해결해 줄 수도 있다. 단체의 공동 식별은 편파적이지 않고 균형을 잡기 쉽다.

다음은 주간 모임을 위해 제안되는 진행 요령이다.

준비

둥글게 의자를 배치한다.

진행

1. 간단한 독서나 노래(3분에서 5분)
2. 향심기도 시간. 다음 중에서 고른다.
   ① 20분간 앉아서 기도하기
   ② 20분간 앉아서 기도하고 관상적 걷기를 한 후, 다시 20분간 앉아서 기도하기
3. 두 경우 모두 일상적인 사고로 돌아오기 전에 인도자가 '주님의 기도'를 천천히 암송하거나 2분간 침묵한 다음 끝낸다.

유의 사항

초기에는 이 책의 2장 중 '인간의 노력은 은총에 의존한다'를 사용하여 향심기도 수련의 개념적 배경을 발전시켜도 좋다. 각 지침이 각자의 삶의 경험과 어떻게 관련되는지 소모임을 만들어 토론하라. '영적 여정'에 관한 30분짜리나 한 시간짜리 영상을 기록 책자와 함께 이용해도 된다. 30분짜리가 가장 좋다. 나눔 시간은 30분 정도 가지도록 하라. 그러나 신학적, 철학적, 성경적 토론은 피하라. 이 모임의 목적은 믿음을 나누고 영적으로 새롭게 되며 수련을 상호 격려하는 데 있다.

향심기도 방법

동의의 기도

"너희는 멈추고 내가 하느님임을 알아라."(시편 46, 11)

관상 기도

기도란 생각이나 느낌을 말로 표현한 것이라 여기기 쉽다. 그러나 이것만이 기도는 아니다. 그리스도교 전통에서는 관상 기도를 하느님의 순수한 선물로 간주한다. 관상 기도는 생각과 말과 감정을 넘어서 하느님께 우리의 정신과 마음과 전 존재를 열어 드리는 것이다. 우리는 은총을 통해 하느님께 의식을 열어 드린다. 우리는 그분께서 숨결보다, 생각보다, 선택보다, 의식 그 자체보다 가까이 계심을 믿음으로 알고 있다.

향심기도

향심기도는 관상 기도의 발달을 촉진시키기 위해 고안된 방법이다. 이는 관상 기도의 선물을 받아들이도록 우리 기능들을 준비시킴으로써 가능하다. 향심기도는 초대 그리스도교의 지혜 전통의 가르침을 새로운 형태로 제시한다. 향심기도는 다른 종류의 기도를 대체하려고 하지는 않는다. 오히려 다른 기도에 새로운 빛과 깊은 의미를 부여한다. 향심기도는 하느님과 관계를 맺는 일이자 그 관계를 성장시키는 훈련이기도 하다. 이 기도는 우리를 그리스도와의 대화를 넘어 그분과의 친교로 나아가게 해 준다.

신학적 배경

관상 기도로 이끄는 다른 모든 방법처럼, 향심기도의 원천은 우리 안에 계시는 성삼위, 성부와 성자와 성령이시다. 향심기도의 초점은 살아 계신 그리스도와의 관계를 심화시키는 데 있다. 향심기도는 믿음의 공동체를 형성하고 그 구성원들을 상호 우정과 사랑 안에 한데 묶어 준다.

향심기도의 뿌리

성경의 하느님 말씀을 경청하는 것(거룩한 독서)은 그리스도와의 우정을 키워 나가는 전통적 방식이다. 마치 우리가 그리스도와 대화 중에 그분께서 대화 주제를 제시하시는 듯이, 성경 본문을 경청한다. 매일 그리스도를 만나고 그분의 말씀을 숙고하면, 우리는 그저 아는 단계를 넘어서 우정과 신뢰와 사랑의 태도로 나아가게 된다. 대화는 단순해지고 친교의 차원으로 넘어가게 된다. 6세기의 대 그레고리오 성인은 그리스도교 관상 전통을 '하느님 안에서 쉼'이라 표현하였다. 그리스도교 전통에서 이 표현은 16세기까지 관상 기도의 고전적 의미로 여겨졌다.

예수님의 지혜 말씀

향심기도는 산상 설교에 나오는 예수님의 지혜 말씀에 기초를 둔다.

"너는 기도할 때 골방에 들어가 문을 닫은 다음, 숨어 계신 네 아버지께 기도하여라. 그러면 숨은 일도 보시는 네 아버지께서 너에게 갚아 주실 것이다."(마태 6,6)

또한 향심기도는 그리스도교 관상 전통에 기여한 이들의 작품에서도 영감을 얻었다. 이들 가운데는 요한 카시아노 성인,《무지의 구름》을 쓴 익명의 저자, 프란치스코 살레시오 성인, 예수의 데레사 성녀, 십자가의 요한 성인, 아기 예수의 데레사 성녀, 토마스 머튼 등이 있다.

향심기도 지침

1. 우리 안의 하느님 현존과 활동에 동의한다는 지향의 상징으로 거룩한 단어를 선택한다.
   ① 거룩한 단어는 우리 안의 하느님 현존과 활동에 동의한다는 지향을 표현한다.
   ② 성령께 짧게 기도드리면서 거룩한 단어를 선택한다. 두세 음절

의 단어 하나를 택한다. 아래 단어를 참고하라.

- 하느님, 예수, 아빠, 아버지, 어머니, 마리아, 아멘
- 사랑, 경청, 평화, 자비, 침묵, 고요, 믿음, 신뢰

③ 어떤 사람에게는 거룩한 단어를 떠올리는 것보다 그저 하느님 현존을 내적으로 응시하거나 자신의 숨결에 주의를 기울이는 것이 더 적합할 수도 있다. 이 상징들에도 거룩한 단어에 적용되는 것과 같은 지침이 적용된다.

④ 거룩한 단어가 거룩한 것은 그 단어에 담긴 의미 때문이 아니다. 동의한다는 지향의 표현으로서 우리가 그 단어에 부여하는 의미 때문이다.

⑤ 일단 거룩한 단어를 선택하고 나면, 그 기도 시간 중에는 바꾸지 않는다. 거룩한 단어를 바꾸는 일이 생각을 사용하는 행위이기 때문이다.

2. 편안히 앉아 눈을 감고 잠시 마음을 가라앉힌 다음, 우리 안의 하느님 현존과 활동에 동의한다는 상징으로 거룩한 단어를 고요히 떠올린다.

① '편안히 앉는다.'라는 말은 기도 시간 동안 잠이 들지 않을 정도로 비교적 편안히 앉는다는 뜻이다.

② 어떤 자세로 앉든지 등은 바르게 편다.

③ 눈을 감는다는 것은 우리 주변과 우리 안에서 일어나는 일들을 놓아 버린다는 상징이다.

④ 솜 위에 깃털을 내려놓듯이 부드럽게 거룩한 단어를 내면으로 불러들인다.

⑤ 잠이 들었다면 깨는 대로 기도를 이어 나간다.

3. 생각에 빠져들었다면 거룩한 단어로 아주 부드럽게 돌아간다.

① '생각'은 모든 지각 활동을 일컫는 포괄적 용어다. 여기에는 신체 감각, 감각적 지각, 느낌, 영상, 기억, 계획, 성찰, 개념, 비평, 영적 체험 등이 포함된다.

② 생각이란 향심기도의 불가피하고도 필수적이며 정상적인 부분이다.

③ "거룩한 단어로 아주 부드럽게 돌아간다."라는 말은 최소한의 노력을 가리킨다. 이것이 향심기도 동안 우리 편에서 주도하는 유일한 활동이다.

④ 거룩한 단어는 향심기도를 하는 동안 희미해지거나 사라질 수도 있다.

4. 기도 시간이 끝나면 2~3분간 눈을 감고 침묵 중에 머문다.

① 이 2분은 침묵의 분위기를 일상생활에 가져가게 해 준다.

② 모임에서 향심기도를 했을 경우, 다른 사람들이 경청하는 가운데 인도자가 주님의 기도를 천천히 바쳐도 된다.

유의 사항

1. 향심기도는 최소한 20분은 해야 한다. 하루 두 번, 아침에 한 번 하

고 오후나 이른 저녁에 또 한 번 하는 것이 좋다. 수련이 몸에 배면 기도를 30분 이상 늘려도 된다.
2. 기도의 종료를 알릴 때는 큰 소리나 째깍거리는 소리가 나지 않는 알람을 사용하도록 한다.
3. 기도 중에 생길 수 있는 신체 증상은 다음과 같다.
   ① 신체 여러 부위에서 가벼운 통증이나 가려움, 씰룩거림이 감지되거나 막연한 불안감이 느껴지기도 한다. 이런 느낌은 대개 신체의 정서적 매듭이 풀리는 데서 생겨난다.
   ② 손발이 무겁거나 가볍게 느껴지기도 한다. 이는 대개 깊은 차원의 영적 주의력에 이르렀기 때문이다.
   ③ 어떠한 경우든 개의치 않고 거룩한 단어로 아주 부드럽게 돌아간다.
4. 기도의 열매는 기도 중이 아니라 일상에서 체험된다.
5. 향심기도로 우리는 하느님의 첫째 언어인 '침묵'에 친숙해진다.

한 걸음 더 나아가기 위해

1. 향심기도 중에 여러 가지 생각이 일어날 수 있다.
   ① 떠도는 상상이나 일상적인 기억
   ② 호감이나 비호감을 일으키는 느낌과 생각들
   ③ 통찰과 심리적 깨달음
   ④ '내가 지금 어떤 상태일까?', '참 평화롭다!'와 같은 자기 성찰

⑤ 무의식의 짐을 덜어 내면서 일어나는 느낌과 생각들

⑥ 이 생각들 가운데 어느 하나에라도 빠져들었다면 거룩한 단어로 아주 부드럽게 돌아간다.

2. 향심기도 중에는 자신의 체험을 분석하거나 기대를 품지 않으며, 다음과 같은 특정한 목표를 겨냥하지 않는다.

① 거룩한 단어를 끊임없이 반복하기

② 아무런 생각도 하지 않기

③ 머릿속 비우기

④ 평화나 위로 느끼기

⑤ 영적 체험 얻기

하느님과 우리의 관계를 깊게 하는 방법들

1. 매일 20~30분씩 향심기도를 두 차례 한다.
2. 성경 말씀을 경청하고, 《마음을 열고 가슴을 열고》를 공부한다.
3. 《마음을 열고 가슴을 열고》의 부록 중 '향심기도 효과를 일상에 가져오는 수련들'에서 제안하는 대로 특별 수련 한두 개를 선택한다.
4. 매주 향심기도 모임에 참여한다.

① 이 모임을 통해 향심기도 실천에 항구하도록 힘을 얻는다.

② 이 모임은 테이프, 영상, 독서, 토론 등을 통해 더 많은 정보를 얻을 기회가 된다.

③ 이 모임은 영적 여정을 지원하고 공유하는 기회가 된다.

향심기도의 오해와 진실

1. 이것은 기술이 아니다. 하느님과의 관계를 심화시키는 방법이다.
2. 이것은 긴장 이완 훈련이 아니다. 영적 차원의 깊은 쉼을 통해 우리의 기운을 북돋을 수는 있다.
3. 이것은 자기 최면이 아니다. 정신이 깨어 있으면서 고요하게 하는 방법이다.
4. 이것은 공동체의 성장을 위한 은사가 아니다. 변화의 일치에 이르는 길이다.
5. 이것은 초심리 체험이 아니다. 믿음과 희망과 이타적 사랑의 훈련이다.
6. 이것은 하느님의 '느껴지는' 현존에 국한되지 않는다. 하느님의 지속적인 현존에 대한 믿음이 깊어지는 것이다.
7. 이것은 사색적 기도나 자발적 기도가 아니다. 생각과 말과 감정을 넘어 그저 하느님 안에서 쉬는 것이다.

관상지원단

1970년대 중반 미국 매사추세츠주 스펜서에 있는 성 요셉 수도원의 트라피스트 수도자들이 향심기도라고 불리는 수련을 도입했다. 이 수련은 14세기의 고전 《무지의 구름》에 기초를 두고 있다. 이 방법은 먼저 윌리엄 메닝거 신부에 의해 계발되었고 수도원 피정의 집에서 소개되었다. 이에 대한 반응이 매우 긍정적이어서 연수 횟수가 점점 늘어났다. 수도원 밖에서도 바실 페닝턴 신부가 연수를 실시했는데, 그는 향심기도에 관해 몇 권의 책을 저술했다.

관상지원단

1981년 토마스 키팅 신부는 성 요셉 수도원장직을 사임하고, 콜로라도주 스노매스에 있는 성 베네딕도 수도원으로 옮겨 갔다. 이곳에서 더 집중적인 향심기도 체험에 대한 요구가 표면화되기 시작했다. 1983년, 뉴멕시코주의 산크리스토발에 있는 라마 재단에서 처음으로 향심기도 집중 피정이 열렸다. 그 이후에 집중 피정이 스노매스의 성 베네딕도 수도원과 다른 여러 장소에서 열렸다.

조직

향심기도회의 수가 증가함에 따라 조직화의 필요성이 명백해졌다. 그리하여 1984년, 사단법인 관상지원단이 설립되어 더 깊은 기도 생활을 찾는 사람들에게 향심기도 방법을 소개하고 그들의 투신을 유지하도록 돕는 지원 체계를 통합하여 제공하고자 하였다.

용어 해설

감각의 어두운 밤
성령께서 시작하신 '동기의 정화 및 영적 메마름의 기간'을 묘사하기 위해 십자가의 요한 성인이 만든 용어로 수동적 정화라고도 불린다.

거룩한 독서
하느님의 영감에 의해 쓰였다는 책을 읽는 것, 더 정확하게 말하면 경청하는 것이다. 그리스도와의 대화 주제로 성경 본문을 이용하여 그리스도와 우정을 발달시키는 오래된 방법이다.

거짓 자아
하느님을 닮은 모습이 아니라 제멋대로 발전된 자아로 창조된 우리 안의 하느님 모습이 왜곡된 것이다. 이것은 생존과 안전, 애정과 존중, 힘과 지배의 본능적 욕구를 만족시키는 데서 행복을 찾으려 하며, 자기 가치와 정체성의 기초를 문화 및 집단과의 동일시에 둔다.

고통스러운 감정

좋기는 하지만 얻기 어렵다고 생각한 것을 얻지 못했을 때, 혹은 나쁘지만 피하기 어렵다고 생각한 것을 피하지 못했을 때 자연스럽게 생겨나는 감정적 반응이다. 주로 분노, 두려움, 낙담 등이다. 고통스러운 감정에는 4세기 사막의 교부인 에바그리우스가 열거한 죄종이 포함되는데, 이것들은 몇몇 감정들이 혼합된 것이다. 교만, 허영, 질투, 탐식, 탐욕, 색욕, 분노, 나태 등이 있다.

관상

관상 기도와 동의어.

관상 기도

그리스도와의 관계가 언어, 사고, 감정의 차원을 넘어서 친교를 이루는 단계까지 발전된 것이다. 하느님을 기다리는 단순한 활동에서 성령의 선물이 기도의 원천으로서 점점 더 우세해지는 과정이다.

관상 기도로 이끄는 방법

1. 관상으로 저절로 발전하는 수련: 거룩한 독서, 예수 기도, 성화 공경, 묵주 기도, 교회에서 적절히 사용된 기타 전통적 신심 기도들.
2. 관상을 쉽게 행하도록 의도적으로 만든 방법
    ① 집중적 방법: 예수 기도, 만트라 기도, 존 메인 신부의 관상 기도법.
    ② 수용적 방법: 향심기도, 믿음의 기도, 마음의 기도, 단순성의 기도, 침묵의 기도, 단순한 응시의 기도, 적극적 평정의 기도, 습득된 관상 등.

관상 생활

일상생활의 활동이 성령의 선물로 이루어지는 것을 말한다. 이는 관상적 태도의 열매다.

궁극적 신비·궁극적 실재

무한한 잠재력과 활성화의 바탕으로써 하느님의 초월성을 강조하는 용어다.

내적 침묵

평정 중에 상상, 느낌, 이성적 기능들을 잠잠하게 하는 것으로 하느님께 순수한 믿음으로 그저 단순히 사랑의 주의를 드리는 것이다.

동의

사람이나 사물 혹은 어떤 행위를 수용함을 표현하는 의지의 활동이며, 지향의 표현이다.

무의식 속에 있는 짐을 덜어 냄
어린 시절의 무의식적인 정서적 내용이 원시적 감정, 영상이나 비평의 형태로 저절로 방출되는 것이다. 이것은 향심기도 중에나 기도 외 시간에도 일어날 수 있다.

반인반수 의식
현대 인류학에서 말하는, 다른 사물과 구별되는 신체 자아의 발달이라는 특징을 가지는 의식 수준이다. 이 수준에서는 부분과 전체, 상상 속의 이미지와 외부 현실을 구별하지 못한다.

변화·변화의 일치
특정한 체험이라기보다는 하느님의 영속적 현존에 대한 지속적 확신을 뜻한다. 하느님께서 우리 자신 및 존재하는 모든 것 안에 현존하심을 지각하는 의식의 재구성이라 할 수 있다.

생각
향심기도라는 특정한 기도 맥락에서 사용하는 용어로 감각적 지각, 감정, 영상, 기억, 사색, 비평 그리고 특정한 영적 지각을 포함한 모든 지각을 포괄한다.

성령의 열매(갈라 5, 22-23 참조)
우리 안에 자라나는 하느님의 생명을 드러내는 '그리스도의 마음'의 아홉 가지 측면. 사랑, 기쁨, 평화, 인내, 호의, 선의, 성실, 온유, 절제가 있다.

신비적 기도
관상 기도와 동의어로 사용했다.

신비주의
관상의 동의어로 사용했다.

신적 에너지
모든 피조물 속에 있는 하느님의 현존과 활동을 묘사하는 용어다.

신적 일치
모든 기능이 하느님 안에서 일치를 이루는 일회성 체험, 혹은 변화의 일치라고 부르는 영구적 일치의 상태를 가리킨다('변화의 일치' 참조).

신적 치유
영적 여정이 어린 시절의 정서적 상처와 이것에 대처하기 위한 심리 기제들을 치유하고자 하는 심리 치료로 제시되는 패러다임.

신화적 회원 의식
자신이 속한 사회 집단의 가치와 이념에 무비판적으로 동화되는 것. 자신의 정체성과 자기 가치를 유도하는 가족, 민족, 혹은 종교 집단에 과잉 동일시하고 그 집단의 가치 체계에 순응한다. 계층적인 형태로 사회를 구분하는 특징이 있다.

아포파시스/카타파시스 관상(부정의/긍정의 관상)
이 두 개념을 대립된 관계로 보는 것은 잘못된 구분법이다. 사실상 우리 기능이 적절히 준비되면(카타파시스 수련) 아포파시스 관상으로 인도되는데, 이것은 다시 적절한 카타파시스 수련으로 유지된다.

아포파시스 관상(부정의 관상)
순수한 믿음의 수련 활동. 특정 활동이나 개념을 넘어 하느님 안에서 쉬는 것으로, 하느님 현존에 대하여 그저 단순히 사랑의 주의를 유지하도록 한다.

영성
하느님에 대한 내적 승복 안에서 이루는 믿음의 삶, 이 믿음이 자신의 모든 동기와 행동 안에 스며드는 삶으로 성령의 영감에 따르는 기도와 활동의 삶을 뜻한다. 신심 수련, 의식, 전례, 혹은 특정한 신심 활동이나 다른 사람을 위한 봉사에 국한되지 않은 태도로 오히려 자신의 모든 활동을 통합하고 합치시키며 이끌어나가는 촉매라고 할 수 있다.

영의 어두운 밤
감각의 밤에서 더 발전한 것으로 거짓 자아의 마지막 남은 찌꺼기를 제거하기 위한 무의식의 정화다.

영적 감각
초대 교회 교부들의 공통된 가르침으로 관상 기도의 단계를 후각, 촉각, 미각 등의 외적 감각의 비유로 설명한다. 경험의 직접성에 초점을 둔다.

영적 주의를 기울임
순수한 믿음 안에서 하느님 현존에 사랑의 주의를 기울이는 것으로, 구체성이 없는 일치감 혹은 성삼위의 한 위격에게 특히 더 개별적 주의를 주는 것이 특징이다.

원죄

하느님과의 일치 체험이나 내적 확신이 없는 채로 온전한 사색적 자아의식을 갖게 되는 보편적인 경험을 설명하는 방법이다.

위안

영성 작가 사이에서 이 용어는 일반적으로 거룩한 독서, 추리적 묵상, 기도, 전례, 그리고 선행 등의 신심 행위에서 유래하는 감각적 쾌락을 가리킨다. 이러한 위안은 감각적 자극, 상상, 기억, 사색에서 나오거나, 성령의 열매나 참행복 등의 순수한 영적 원천에서 나온다.

은사

1. 코린토 신자들에게 보낸 첫째 서간 12장에 열거된 은사들은 일차적으로 그리스도교 공동체를 격려하기 위하여 주어진다.
2. 이사야서 11장에 열거된 은사, 즉 '성령 칠은'은 기도와 활동 속에서 우리가 성령의 이끄심을 알아보고 따를 수 있도록 해 주는 지속적 태도다.

인간 조건

원죄의 결과를 설명하는 방법. 원죄의 결과란 착각(우리가 추구하도록 선천적으로 프로그램된 행복을 어떻게 찾아야 할지 모르는 것), 탐욕(행복을 찾을 수 없는 곳에서 행복을 추구하는 것), 의지의 나약(은총의 도움을 받지 못한 채, 행복을 찾을 수 있는 곳에서 행복을 추구하지 못하는 무능력)을 말한다.

인식

특정한 혹은 일반적인 대상을 지각하는 활동. 의식을 가리키는 또 다른 용어다.

일치 의식
하느님 사랑의 체험이 모든 기능과 관계 속으로 배어드는 과정이 포함된 변화의 일치 체험.

정서적 행복 프로그램
생존과 안전, 애정과 존중, 힘과 지배의 본능적 욕구가 동기의 중심으로 자라나서, 우리의 생각, 느낌, 행동을 끌어당긴다.

정신적 자아의식
온전한 사색적 단계의 자아의식. 약 8세 때 논리적 추리 능력이 생기는 것으로 시작해서 12~13세에 추상적 사고에 도달한다. 자신의 태도나 행동에 대해 개인적 책임감과 죄책감을 갖는 것이 특징이다.

정화
관상 기도 과정의 핵심적 부분으로, 무의식에 저장된 일생 동안 지녀 온 정서적 아픔, 혼합된 동기, 인성의 어두운 면 등이 점차 비워진다. 변화의 일치를 이루는 데 필요한 준비 과정이다.

주의
호흡이나 영상, 개념 등과 같은 특정 대상에 초점을 맞추는 것이다.

지향
어떤 목표나 목적을 위한 의지의 선택을 뜻한다.

직관적 의식

이성적 사고를 넘어선 의식 차원으로서(신체적 직관과 혼동하지 말 것) 조화, 협조, 용서, 차이를 해소하는 타협, 경쟁보다는 상호 의존 등을 특징으로 한다. 타인과의 일치감과 우주에의 소속감을 갖고 있다.

참자아

우리 안에 있는 하느님의 모습으로서 모든 인간이 이 모습대로 창조되었다. 하느님의 생명에 대한 참여로, 이는 우리의 유일무이성 안에서 드러난다.

참행복(마태 5,1-10 참조)

성령의 열매가 더욱 발전한 것이다.

카타파시스 관상(긍정의 관상)

믿음으로 계발되는 이성 기능의 수련 활동. 상징에 대한 정감적인 반응, 사색, 그리고 신앙의 진리를 자기 것으로 받아들이기 위한 이성, 상상, 기억 등을 사용한다.

파충류 의식

자연 속에 묻혀 본능적 욕구를 즉각 충족하면서 자아를 의식하지 못하는 의식 수준이다.

향심기도

마음의 기도, 단순성의 기도, 믿음의 기도, 단순한 응시의 기도가 현대화된 형태. 관상 기도의 선물에 대한 장애를 줄이고 성령의 영감에 반응하는 데 도움이 되는 습관을 길러 주는 방법이다.

황홀(황홀경)

하느님의 활동이 강력하여, 우리의 생각 기능과 느낌 기능이, 때로는 외적 감각까지 일시적으로 멈추는 현상이다. 이는 온전한 일치의 기도 체험을 촉진한다.